CÓMO SUPERAR EL ABUSO SEXUAL

Pasos Importantes para Poder Superar Casos Complicados de Abuso Sexual

HERMAN HOLT

Introducción: La curación es posible

Si has sufrido abusos sexuales, no estás solo. Una de cada tres (o cuatro) chicas y uno de cada seis chicos sufren abusos sexuales antes de cumplir los dieciocho años. Los abusos sexuales afectan a niños de todas las clases sociales, culturas, razas, religiones y géneros. Los niños son abusados por padres, padrastros, hermanos, madres, tíos, abuelos, vecinos, amigos de la familia, niñeras, profesores y desconocidos. Aunque las mujeres abusan, la mayoría de los abusadores son hombres heterosexuales.

Todos los abusos sexuales son perjudiciales, y el trauma no termina cuando el abuso cesa. Si has sufrido abusos en tu infancia, es probable que sufras efectos a largo plazo que interfieren en tu funcionamiento cotidiano.

Sin embargo, es posible curarse. Incluso es posible prosperar.

Prosperar significa algo más que un alivio de los síntomas, algo más que tiritas, algo más que funcionar adecuadamente.

Prosperar significa disfrutar de una sensación de plenitud, de satisfacción en la vida y el trabajo, de amor y confianza genuinos en las relaciones, de placer en el cuerpo.

Este libro trata sobre el proceso de curación: qué se necesita, qué se siente, cómo puede transformar tu vida.

La gente dice que el tiempo cura todas las heridas, y hasta cierto punto es cierto. El tiempo atenuará parte del dolor, pero la curación profunda no se produce a menos que se elija conscientemente. La curación del abuso sexual infantil requiere compromiso y dedicación. Pero si estás dispuesto a trabajar duro, si estás decidido a hacer cambios duraderos en tu vida, si eres capaz de encontrar buenos recursos y apoyo experto, no sólo puedes sanar sino también prosperar. Creemos en los milagros y en el trabajo duro.

OBTENER APOYO

Por muy comprometido que estés, es extremadamente difícil curarse de un abuso sexual infantil en solitario. Gran parte del daño experimentado es el resultado del secreto y el silencio que rodearon el abuso. Tratar de sanar mientras se perpetúa ese silencio solitario es casi imposible.

Es esencial que tengas al menos otra persona con la que puedas compartir tu dolor y tu curación. Esa persona puede ser otro superviviente, un miembro de un grupo de apoyo o un consejero o puede ser una pareja o un miembro de la familia que te nutra, o un hermano que también haya sufrido abusos. Lo ideal es contar con una combinación de muchos recursos.

CÓMO SERÁ LA LECTURA DE ESTE LIBRO

Para usted, la lectura de este libro puede ser una experiencia intensa y sanadora. Cuando empiece a darse cuenta de que su vida tiene sentido y de que no es el único que ha sufrido, puede experimentar una tremenda sensación de alivio. Pero el alivio no es la única reacción que puede tener. Si mientras lees tienes sentimientos desconocidos, incómodos o perturbadores, no te alarmes. Los sentimientos fuertes forman parte del proceso de curación.

Si, por el contrario, pasas deprisa por estos capítulos, es posible que aún no te sientas lo suficientemente seguro como para enfrentarte a estas cuestiones. O puede que estés afrontando el libro de la misma manera que afrontaste el abuso: separando tu intelecto de tus sentimientos. Si ese es el caso, detente, tómate un descanso, habla con alguien para que te apoye y vuelve a leerlo más tarde.

Es esencial que no lleves este libro de la misma manera que llevaste el abuso: adormecido y solo. Si llegas a una parte que te parece abrumadora, el material de esa sección puede ser demasiado difícil para ti en este momento. No te obligues a leerlo. Intenta leer otra sección en su lugar.

También está bien dejar el libro, o ir despacio. Muchas personas lo leen poco a poco, dejando pasar semanas o incluso meses entre una sección y otra. Muchos supervivientes nos han dicho que no han estado preparados para leer el libro en absoluto, sino que lo han mantenido en su mesilla de noche para poder leer simplemente el título una y otra vez. Dicen que el mero hecho de tener el libro cerca les resulta curativo.

Toma el ritmo para poder estar presente mientras lees. Presta atención a los pensamientos, sentimientos y sensaciones que surgen.

Es posible que la idea de desarrollar una relación de este tipo con tu mundo interior no te resulte familiar. Como mujeres, a muchas nos han enseñado a satisfacer las necesidades de los demás y nos han dicho que centrarnos en nosotras mismas es egoísta. Pero la curación requiere la voluntad de ponerse en primer lugar.

Una mañana, cuando Ellen escuchó su contestador automático, había un mensaje que decía: "Te llamo para decirte que realmente me estoy curando. Y esta es la sensación más dulce que he conocido: estar completa".

Te mereces esta sensación.

¿HE SIDO VÍCTIMA DE ABUSO SEXUAL INFANTIL?

Cuando eras un niño o un adolescente, ¿te sucedió algo de lo siguiente?:

- ¿Acariciar, besar o sostener para la gratificación sexual de un adulto?
- ¿Obligado a practicar sexo oral?
- ¿Violado o penetrado de alguna manera?
- ¿Obligado a ver actos sexuales?
- ¿Sometido a una charla excesiva sobre sexo?
- ¿Acariciado o herido genitalmente mientras se le baña?
- ¿Sometido a tratamientos médicos innecesarios para satisfacer las necesidades sexuales de un adulto?
- ¿Le han mostrado películas sexuales u otro tipo de pornografía?
- ¿Obligado a posar para fotografías seductoras o sexuales?
- ¿Forzado a la prostitución infantil o a la pornografía?
- ¿Forzado a participar en un abuso ritualizado en el que fue torturado física, psicológica o sexualmente?

No es fácil reconocer que, de hecho, se ha abusado de ti. Pero ese reconocimiento es el primer paso para sanar.

CUALQUIERA PUEDE UTILIZAR LA ESCRITURA

Utilizar la escritura como herramienta de curación puede ser útil tanto si participas en un taller organizado con otras personas como si no. No es necesario que te consideres un escritor o que te guste escribir. Puede que hayas tenido una educación limitada. Quizá no sepas deletrear o creas que eres un escritor terrible.

Algunos supervivientes tienen bloqueos especiales asociados a la escritura. Si tu madre leía tu diario íntimo, si tu padre era profesor de inglés y siempre criticaba tus trabajos escritos, si tu mejor amigo se pasaba tus cartas íntimas por la cafetería del instituto, es posible que tengas recelo a la hora de poner palabras en el papel. Pero todos tenemos una profunda necesidad de expresarnos. La tuya puede adoptar otras formas distintas a la escritura, pero si quieres probar a escribir como método de curación, ni siquiera los bloqueos anteriores tienen por qué interponerse en el camino. Muchas mujeres que han sido reacias a escribir han realizado estos ejercicios y se han beneficiado enormemente.

TIEMPO Y LUGAR

Elige un momento y un lugar donde no te interrumpan.

Es bueno tener al menos veinte minutos de tiempo de escritura para cada ejercicio, aunque incluso diez minutos pueden producir resultados profundos y poderosos. A muchos supervivientes les resulta útil decidir una hora fija de finalización antes de empezar; esto crea un contenedor que hace más seguro escribir sobre su abuso.

A algunas mujeres les gusta empezar con un ritual -puedes encender una vela, meditar o rezar una oración, preparar una taza de té o simplemente tomarte un momento para sentarte en silencio- y también terminar con uno. Estos marcadores claros a ambos lados de tu tiempo de escritura crean seguridad y pueden ayudarte a reincorporarte a tu vida diaria un poco más fácilmente.

Dado que escribir sobre el abuso sexual suele suscitar fuertes sentimientos, no lo hagas entre la recogida de los niños en el colegio y el comienzo de la cena. Asegúrate de darte un tiempo para asimilar el impacto de la escritura.

Si te sientes sacudida por lo que has escrito, tal vez quieras terminar tu sesión de escritura con cinco o diez minutos de escritura sobre un tema que te recuerde tu resistencia y fortaleza, como "El suelo sobre el que me mantengo" o "Cosas que agradezco" o "Lo que me da fuerza". A otras mujeres les ha resultado útil dar un breve paseo después de escribir o hacer un ejercicio de toma de tierra para anclarse más firmemente en el presente.

SER OÍDO

Escribir en sí mismo es muy útil, pero compartir lo que has escrito también es importante. Después de escribir, lee tu escrito a alguien que te escuche con atención y compasión.

Si no hay nadie a quien puedas leer de inmediato, léelo en voz alta para ti mismo; al menos estarás leyendo a un oyente atento. El mero hecho de decir las palabras puede hacerlas más reales. A menudo no se siente el impacto de lo que se ha escrito hasta que se dicen las palabras en voz alta. Si le lees tu escrito a alguien que no tiene experiencia en escuchar la escritura personal, dile a esa persona lo que necesitas. No querrás que critiquen o juzguen lo que tienes que decir.

Puede que quieras que te hagan preguntas, que te ayuden a hablar más del tema o que simplemente te escuchen en silencio. Puede que quieras que te reconforten o puede que no. La gente suele responder de forma más satisfactoria cuando les dices lo que necesitas.

EL MÉTODO BÁSICO

Intenta olvidar todo lo que te han dicho sobre la escritura. Lo que vas a hacer es un tipo de escritura libre, o de flujo de conciencia. No se trata de hacer arte, ni de obtener una buena nota, ni de intentar que tenga sentido para otra persona. Es más bien una forma de evitar la censura para llegar a lo que necesitas decir.

Escribe sin parar. Ve a un ritmo que te resulte cómodo y no te detengas. Si te quedas atascado o no se te ocurre nada que decir, puedes escribir: "Este es el ejercicio más estúpido del que he oído hablar" o "Tengo hambre; me pregunto si ya se ha acabado el tiempo". Una mujer que estaba escribiendo sobre sus abusos se detenía cada pocas líneas y escribía: "No puedo decir nada más", y luego seguía diciendo más. Darse permiso para parar le permitió seguir contando su historia.

No es necesario utilizar frases completas. No es necesario que escribas o puntúes correctamente. Puede ser en inglés o en otro idioma. A veces, si de pequeño se hablaba otro idioma, recordarás o escribirás con más fluidez en esa lengua. Si te han maltratado antes de que aprendieras a hablar, tu escritura puede sonar infantil o resultar un lenguaje de bebé.

Utilización de la imagen guiada

Muchos supervivientes han descubierto que la imaginería es una poderosa herramienta de curación. El uso de imágenes guiadas puede ayudarte a descubrir recursos internos y a lidiar con sentimientos abrumadores. Estas técnicas suaves pueden ayudarte a calmarte, a crear un lugar seguro en tu interior y a sentirte enraizado en tu cuerpo. Puedes utilizar las mismas imágenes una y otra vez, reforzando tu conexión con esta sensación de relajación y seguridad.

PREPARACIÓN

Es necesario escuchar, en lugar de leer, las imágenes guiadas.

Puedes pedirle a un amigo seguro o a un terapeuta que te lea las imágenes o puedes utilizar una versión grabada. Dado que los ejercicios de este libro son los que querrás escuchar una y otra vez, tener una cinta o un CD es una buena idea.

Tanto si se habla en persona como si se graba, es importante que se lea despacio. Deje espacio entre las frases y oraciones.

Especialmente en los lugares indicados con una elipsis (. . .), haz una pausa y respira un poco. Cuando escuches las imágenes guiadas, necesitarás tiempo para absorber el material y permitir que surjan las imágenes.

Esto es más fácil de hacer cuando el ritmo es muy lento, con pausas entre ideas o frases. Lo mejor es una voz suave y apacible, que te proporcione la seguridad necesaria para profundizar. Para algunas personas, la música tranquila de fondo puede ser útil; para otras, es una distracción. Experimenta para ver qué te funciona mejor.

INSTRUCCIONES BÁSICAS

Reserva un momento en el que no te interrumpan para poder instalarte en un espacio interior. Cierra los ojos. Si cerrar los ojos te da miedo o te resulta incómodo, no pasa nada por mantenerlos abiertos, permitiendo que tu mirada sea suave y fácil.

A veces, la gente se preocupa si no es capaz de "ver" nada durante una experiencia de imaginería guiada. Pero la experiencia de cada persona es diferente, y ver imágenes claras no es esencial para que la imaginería sea útil. No te preocupes por hacerlo "bien" o por obtener un resultado concreto. Sé receptivo y simplemente permite lo que venga. El uso de las imágenes consiste en estar abierto a lo que surja.

Incluso si las imágenes guiadas no le resultan eficaces las primeras veces, su experiencia puede cambiar con el tiempo y la práctica. Puede que descubras que hay momentos en los que no ocurre nada, momentos en los que te sientes más relajado, momentos en los que te quedas dormido y momentos en los que surgen imágenes, sentimientos, pensamientos, historias o recuerdos.

Al final de una sesión, asegúrate de dejar un poco de tiempo para volver a tu conciencia habitual, en lugar de apresurarte a tu siguiente responsabilidad.

A veces, a la gente le gusta escribir o dibujar después para hacer una crónica de su experiencia.

1

Reconocer el daño

Los efectos a largo plazo de los abusos sexuales a menores pueden ser tan generalizados que a veces es difícil determinar con exactitud cómo le afectó el abuso. Puede impregnar todo: el sentido de sí mismo, las relaciones íntimas, la sexualidad, la crianza de los hijos, el trabajo, incluso la cordura. Como explicó un superviviente:

> Es como esas fotos que recuerdo de una revista de conciencia. La bicicleta estaba escondida en un árbol, a alguien le salía un plátano de la oreja y toda la gente estaba al revés. El pie de foto decía: "¿Qué tiene de malo esta foto?". Pero había tantas cosas perturbadas y fuera de lugar que a menudo era más fácil decir: "¿Qué tiene de bueno esta foto?"

Muchos supervivientes han estado demasiado ocupados sobreviviendo para darse cuenta de las formas en que fueron heridos por el abuso. Pero no puedes sanar hasta que no reconozcas el impacto del abuso.

. . .

Dado que el abuso sexual es sólo uno de los muchos factores que moldearon tu desarrollo, no siempre es posible aislar sus efectos de las demás influencias en tu vida. Si tienes problemas para confiar en la gente, ¿se debe a que abusaron de ti cuando tenías nueve años, a que tu madre era alcohólica o a que te dejaban solo durante horas todos los días cuando eras pequeño? Es la interacción de cientos de factores lo que hace que seamos lo que somos hoy.

La forma en que se trató el abuso cuando se era niño tiene mucho que ver con su impacto posterior. Si la revelación de un niño es recibida con compasión y una intervención eficaz, la curación comienza inmediatamente. Pero si nadie se dio cuenta o respondió a su dolor, usted se sintió abandonado y solo. Si te culparon, no te creyeron o sufriste más traumas, el daño se agravó. Y las formas de afrontar el abuso pueden haber creado más problemas.

No todos los supervivientes se ven afectados de la misma manera. Puede que te vaya bien en un área de tu vida pero no en otra. Puede ser competente en el trabajo y en la crianza de los hijos, pero tener problemas en la intimidad. Algunas mujeres tienen una sensación constante de que algo va mal.

. . .

Para otras, el daño es tan generalizado que parece que no se ha salvado nada:

En lo que a mí respecta, me robaron toda mi vida. No conseguí ser quien podría haber sido. No recibí la educación que debería haber recibido cuando era joven. Me casé demasiado pronto. Me escondí detrás de mi marido. No establecí contacto con otras personas. No he tenido una vida rica. Nunca es demasiado tarde, pero no empecé a trabajar en esto hasta los treinta y ocho años, y no todo se puede recuperar. Y eso me da mucha rabia.

Los efectos del abuso sexual infantil pueden ser devastadores, pero no tienen por qué ser permanentes. Al leer este capítulo, es posible que reconozcas, quizá por primera vez, algunas de las formas en que el abuso sexual afecta a tu vida. Ese reconocimiento puede ser doloroso, pero de hecho forma parte del proceso de curación.

Estas listas no son una herramienta de diagnóstico y no pretenden servir para determinar si has sufrido abusos sexuales.

Leer sobre la variedad de efectos que experimentan los supervivientes de los abusos sexuales a menores puede ayudarte a analizar con sinceridad el impacto de los abusos en tu vida actual.

. . .

Algunos de los efectos del abuso sexual infantil son bastante específicos, como las imágenes intrusivas del abuso mientras se hace el amor. Otros son más generales -como la baja autoestima o la dificultad para expresar los sentimientos- y pueden estar causados por una serie de influencias distintas del abuso sexual infantil. El abuso físico y emocional, así como muchas otras circunstancias de la vida que suponen un reto, también pueden conducir a muchas de las dificultades que se enumeran aquí.

Si reconoces tus propios problemas en las siguientes listas, pero no estás seguro de haber sufrido abusos sexuales, no te apresures a etiquetarte como superviviente antes de estar seguro.

Cuida de ti mismo. Busca apoyo. Trabaja en la curación de las experiencias de las que estás seguro. Y confía en que con el tiempo tu historia se aclarará.

CÓMO AFECTA EL ABUSO A LA AUTOESTIMA

Cuando los niños son respetados y cuidados, aprenden que tienen valor. Experimentan una base de seguridad a partir de la cual pueden asumir nuevos retos. Desarrollan competencia y confianza. Se sienten bien con lo que son y en lo que se están convirtiendo.

. . .

El abuso interrumpe este proceso de desarrollo de la autoestima positiva. Cuando los niños son maltratados, se violan sus límites, su derecho a decir no y su sentido de control en el mundo. Se sienten impotentes.

Si le cuentan a alguien lo que les ocurre, puede que les ignoren o les digan que se lo han inventado. A veces se les culpa. Su realidad se niega o se tergiversa, y a menudo acaban sintiéndose locos. En lugar de ver al maltratador o a sus padres como malos, pueden llegar a creer que ellos son malos, que no merecen que se les cuide y que, de hecho, se merecen el maltrato. Se sienten aislados y solos.

A muchos niños maltratados se les dice directamente que nunca tendrán éxito, que son estúpidos o que sólo sirven para el sexo. Con mensajes así, es difícil creer en uno mismo.

CÓMO AFECTA EL ABUSO A LOS SENTIMIENTOS

Cuando los niños se crían en un entorno saludable, se respetan sus emociones. Cuando están tristes, enfadados o asustados, sus padres o cuidadores reconocen sus sentimientos, dejan espacio para una expresión segura y les ofrecen consuelo. A los niños criados en un hogar que les apoya emocionalmente no se les convence de sus sentimientos ni se les castiga por ello. Por ello, aprenden que los sentimientos no son peligrosos. Y su capacidad para tolerar sentimientos difíciles aumenta de forma natural a medida que crecen.

Los niños maltratados rara vez tienen este tipo de apoyo. No pueden permitirse sentir todo el alcance de su terror, dolor, vergüenza o rabia; la agonía sería devastadora. No serían capaces de hacer aritmética con otros niños de segundo grado, por ejemplo, si reconocieran la profundidad de su dolor y desolación.

Debido a que su inocente amor y confianza son traicionados, los niños maltratados aprenden que no pueden confiar en sus sentimientos. Y los sentimientos que expresan pueden ser despreciados o burlados.

Si los adultos que les rodean están fuera de control, reciben el mensaje de que los sentimientos conducen a la violencia. La ira se traduce en golpes o en el lanzamiento de muebles por la habitación.

Los niños maltratados suelen aprender a bloquear su dolor, porque es demasiado devastador o porque no quieren dar al maltratador la satisfacción de verlos llorar. Pero como no es posible bloquear las emociones de forma selectiva, puede que simplemente dejen de sentir.

. . .

Por otro lado, pueden sentirse abrumados por los sentimientos, inundados por el miedo, la pena, la vergüenza y la rabia.

Con demasiada frecuencia, sufren esta angustia solos, sin una forma segura de expresar sus emociones y sin consuelo.

CÓMO AFECTA EL ABUSO AL CUERPO

Los niños aprenden a conocer el mundo a través de su cuerpo. Si se les protege y cuida, se sienten a gusto en su cuerpo. Vivir en su cuerpo es una fuente de placer, logros y satisfacción.

Cuando los niños sufren abusos sexuales, aprenden que el mundo, y sus cuerpos, no son seguros. Los niños abusados experimentan dolor, miedo y sensaciones conflictivas de excitación. A menudo abandonan su cuerpo para evitar estas sensaciones, o se adormecen lo mejor que pueden.

Para los niños maltratados, el cuerpo es un lugar donde ocurren cosas aterradoras y dolorosas. Aprenden a estar siempre en alerta, a estar preparados para el peligro. O se aíslan de su cuerpo y aprenden a ignorarlo, viviendo sobre todo en su cabeza. Para muchos supervivientes, la experiencia del trauma deja una profunda huella en el cuerpo.

. . .

CÓMO AFECTA EL ABUSO A LA CAPACIDAD DE INTIMIDAD

Los elementos básicos de la intimidad -dar y recibir, amar y ser amado- se aprenden en la infancia. Si los niños reciben atención y afecto constantes, desarrollan habilidades para establecer y mantener relaciones afectivas.

Cuando se abusa de los niños, se traiciona su inocencia y su confianza. Si te dijeron: "Mamá sólo te toca porque te quiere" o "Lo hago para que algún día seas una buena esposa para tu marido", creciste con mensajes confusos sobre la relación entre el sexo y el amor. E incluso si el abusador no dijo una palabra, el acto del abuso en sí mismo es una profunda traición, que daña seriamente tu capacidad de confiar.

CÓMO AFECTA EL ABUSO A LA SEXUALIDAD

Cuando se abusa sexualmente de los niños, se les roba su desarrollo sexual natural. Se les introduce en el sexo según el horario de un adulto, según las necesidades de un adulto.

Puede que no tengan la oportunidad de explorar de forma natural, de experimentar sus propios deseos desde dentro. La excitación sexual se vincula a sentimientos de vergüenza, asco, dolor y humillación. El placer también está contaminado. Y el deseo (el deseo del abusador) es peligroso, una fuerza fuera de control utilizada para hacerles daño.

Los niños suelen abandonar su cuerpo durante las relaciones sexuales con el agresor. Pueden adormecerse o desaparecer. Pueden desconectarse de los sentimientos sexuales o experimentar la excitación como algo confuso, malo o vergonzoso.

Cuando el abuso va unido al afecto, la necesidad de crianza puede vincularse al sexo. A veces los supervivientes no saben cómo satisfacer estas necesidades de otra manera.

CÓMO AFECTA EL MALTRATO A LA CRIANZA DE LOS HIJOS

Nuestras primeras lecciones sobre ser padres provienen de nuestras propias familias. Si un niño es nutrido y protegido, eso se convierte en su modelo básico de crianza.

Pero cuando los niños son maltratados por un miembro de la familia, no se les protege o no se les ofrece apoyo cuando se revelan los abusos, se pierden este modelo saludable. Como resultado, a veces acaban repitiendo los mismos patrones perjudiciales con los que crecieron. Abusan o descuidan a sus propios hijos o no los protegen de los abusos.

Sin embargo, algunos supervivientes descubren que tener claro lo que no quieren hacer como padres les lleva a tomar decisiones diferentes y más positivas.

A veces, las supervivientes se sienten demasiado dañadas o demasiado ocupadas haciendo frente a sus propios abusos como para tener sus propios hijos. Para las mujeres que querían tener hijos, el duelo por esta pérdida puede ser una parte dolorosa del proceso de curación.

CÓMO AFECTA EL MALTRATO A LAS RELACIONES FAMILIARES

En una familia sana, hay respeto y cariño entre las generaciones. Los miembros de la familia son afectuosos y cariñosos, pero no se entrometen. La comunicación honesta y respetuosa es la norma, y cada miembro de la familia tiene un lugar seguro y cómodo en el tejido familiar.

Cuando se produce el incesto, las relaciones familiares se distorsionan. Faltan la confianza, el intercambio y la seguridad esenciales, y en su lugar hay secreto, aislamiento y miedo. Si un miembro de la familia abusó de ti, puede que te hayan convertido en el chivo expiatorio de la familia, diciéndote repetidamente que estabas loco o que eras malo.

Puede que te hayas sentido aislado, aislado del contacto afectivo con los demás.

Dado que el alcoholismo y otros patrones disfuncionales suelen acompañar a los abusos sexuales, es posible que también hayas tenido que enfrentarte a estos problemas. Es posible que te hayan impuesto responsabilidades de adulto a una edad temprana.

Si el abuso tuvo lugar fuera de la familia y no se te escuchó o respondió adecuadamente, recibiste el mensaje de que tu dolor no era importante, que no podías confiar en que tu familia escuchara tus sentimientos o te protegiera.

PUEDES CURARTE DE LOS EFECTOS DEL ABUSO

Si te sientes abrumado al leer sobre los efectos a largo plazo del maltrato, recuerda que ya has vivido la parte más dura: el propio maltrato. Has sobrevivido contra todo pronóstico. El mismo abuso que te debilitó también te ha proporcionado muchos de los recursos internos necesarios para la curación.

Una cualidad que todo superviviente puede estar seguro de tener es la fuerza. Y con la comprensión de lo que se necesita para sanar, esa fuerza conduce directamente a la determinación.

EJERCICIO DE ESCRITURA: LOS EFECTOS

Escribe sobre las formas en que todavía te afecta el abuso.

¿Qué cargas sigues teniendo en cuanto a tus sentimientos de autoestima, tus relaciones, tu sexualidad, tu trabajo? ¿De qué manera tu vida sigue siendo dolorosa, sigue siendo limitada?

Escribe sobre las fortalezas que has desarrollado a causa del abuso. Piensa en lo que te ha costado sobrevivir. ¿Cuáles son las cualidades que te han permitido salir adelante? ¿Perseverancia? ¿Flexibilidad? ¿La autosuficiencia? Escribe sobre tus puntos fuertes con orgullo.

2

Afrontamiento: Honrar lo que hiciste para sobrevivir

El afrontamiento es lo que hiciste para sobrevivir al trauma de haber sido abusado sexualmente. Y es lo que haces ahora para ayudarte a superar cada día.

Todo el mundo lo afronta de forma diferente. Cuando eras un joven superviviente, puede que te hayas escapado de casa o te hayas refugiado en el alcohol o las drogas. Es posible que te hayas convertido en un superdotado, sobresaliendo en la escuela y cuidando de tus hermanos y hermanas en casa.

Puede que hayas bloqueado grandes partes de tu pasado, que te hayas encerrado en ti mismo o que hayas cortado tus emociones. Es posible que hayas utilizado la comida para adormecer tus sentimientos o el sexo como forma de demostrar tu valía. O puede que te hayas enterrado en el trabajo. Con recursos limitados para cuidar de ti mismo, sobreviviste utilizando cualquier medio disponible. Muchos supervivientes se avergüenzan de la forma en que se enfrentaron a la situación. Puede que te resulte difícil admitir algunas de las cosas que tuviste que hacer para seguir vivo. Puede ser difícil reconocer lo que le cuesta ahora levantarse y afrontar cada día. Como niño en circunstancias terribles, respondiste lo mejor que pudiste, y has seguido haciéndolo. Lo crucial es que has sobrevivido. Es importante honrar tu ingenio.

TODOS AFRONTAN

Todos utilizamos estrategias de afrontamiento para enfrentarnos a situaciones abrumadoras, dolorosas o estresantes. La mayoría de las estrategias que se analizan en este capítulo han sido utilizadas, en un momento u otro, por personas que luchan por superar una amplia gama de circunstancias difíciles. Algunas son más universales; otras son más específicas para los supervivientes y pueden o no aplicarse a usted.

Es posible que descubras que algunas de las formas de afrontar la situación se han convertido en puntos fuertes (tener éxito en el trabajo, ser autosuficiente, tener un rápido sentido del humor, ser adaptable, responder bien en una crisis). Otras pueden haberse convertido en patrones autodestructivos (abuso de drogas o alcohol, comer compulsivamente, cortarse, aislamiento emocional). La mayoría de los comportamientos de afrontamiento tienen aspectos saludables y no saludables. Ser independiente, por ejemplo, es una buena cualidad, pero llevada al extremo, puede mantenerte aislado.

La curación requiere que diferencies entre las formas en que tus mecanismos de afrontamiento son beneficiosos y las formas en que pueden estar perjudicándote. Entonces podrás celebrar tus puntos fuertes mientras empiezas a cambiar los patrones que ya no te sirven.

ESTRATEGIAS BÁSICAS DE AFRONTAMIENTO DENEGACIÓN

La negación consiste en girar la cabeza hacia otro lado y fingir que lo que está ocurriendo no lo es, o que lo que ha ocurrido no lo es. Es un patrón básico en las familias alcohólicas. Es casi universal cuando se trata de incesto. "Si lo ignoro lo suficiente, desaparecerá".

A menudo es más soportable para un niño negar la realidad que enfrentarse al hecho de que los adultos que le rodean no le protegerán y, de hecho, pueden perjudicarle.

Una mujer recordó la vez que un chico del barrio le dijo que todo el mundo sabía que su padre le había pegado la noche anterior. Todos la habían oído gritar. "Le dije: 'Oh, esa no era yo. Mi padre nunca me pegaría". Algunos supervivientes reconocen que fueron maltratados, pero niegan que les haya afectado. "Le dije a mi terapeuta que ya lo había superado", dijo una mujer. "Me creyó".

MINIMIZAR

Minimizar es fingir que lo que ha pasado no ha sido realmente tan grave. Significa decir: "Mi padre está un poco cabreado", cuando en realidad acaba de destrozar un sillón. Los niños que viven rodeados de malos tratos suelen creer que todos los demás crecen igual. ¿Acaso no todos los padres arropan así a sus hijas en la cama?

RACIONALIZACIÓN

Racionalizar es la forma en que los niños explican el abuso.

"Oh, no pudo evitarlo. Estaba borracha". Los supervivientes inventan razones que excusan al maltratador. "Cuatro niños eran demasiados para ella. No me extraña que no se ocupara de mí". La racionalización protege al maltratador y protege a la superviviente del impacto de sus sentimientos.

OLVIDANDO

. . .

El olvido es una de las formas más comunes en que los niños enfrentan el abuso sexual. La mente humana tiene una tremenda capacidad para protegernos de realidades que nos resultan demasiado dolorosas. Muchos niños comienzan a bloquear el abuso, incluso mientras les está sucediendo.

Esta capacidad de olvidar explica por qué muchos supervivientes adultos no son conscientes del hecho de que fueron abusados o sólo recuerdan partes de su experiencia.

Algunos supervivientes recuerdan los abusos, pero olvidan cómo se sintieron en ese momento. Una mujer, abusada repetidamente a lo largo de su infancia por su padrastro y su hermano, dijo: "Había reprimido total y completamente que había sido incluso incómodo".

PRESENTANDO UNA FACHADA AL MUNDO

Una de las formas que tienen los supervivientes de enfrentarse a realidades que no pueden afrontar, y a la terrible vergüenza que sienten, es cubrir sus verdaderos sentimientos con una fachada aceptable. En la superficie, hay una niña que está teniendo una buena infancia, pero debajo hay una niña que es propensa a tener pesadillas y que ve gente aterradora escondida en la esquina de la habitación.

. . .

Muchos supervivientes continúan con este patrón en la edad adulta. Por dentro se sienten mal y se sienten mal y saben que algo está muy mal, pero por fuera presentan una fachada diferente.

HUMOR

Un sentido del humor duro o un ingenio mordaz pueden ayudarte a superar los momentos difíciles. Mientras sigas riendo, mantienes una cierta distancia protectora. Y mientras sigas riendo, no tendrás que llorar.

Una vez le pregunté a mi terapeuta sobre mi uso del humor. No me parecía correcto reírme de estas cosas. Me dijo: "El humor es sólo una forma de afrontar la tragedia. Otras personas se destruyen a sí mismas o a otras, o provocan incendios o beben hasta morir. De todas las formas posibles de afrontar el dolor profundo, tú has elegido una que es bastante inofensiva y que afirma la vida con la risa. No es una mala elección. No es una mala elección en absoluto".

ASOCIACIÓN

Los niños que sufren abusos suelen desconectarse de su cuerpo para no sentir lo que se les hace. Cuando una experiencia es demasiado dolorosa para soportarla, los niños se separan emocional y psíquicamente de la experiencia. Como no pueden escapar físicamente, abandonan sus cuerpos. Como resultado, los supervivientes a menudo describen que ven cómo se producen los abusos, como si lo hicieran desde una gran distancia:

Es como si realmente me elevara fuera de mi cuerpo. Puedo sentirme sentado en una silla, y puedo sentirme flotando fuera de mi cuerpo. Eso es exactamente lo que se siente: estar suspendido en el aire. Sé que mi cuerpo está en la silla, pero el resto de mí está fuera de mi cuerpo.

Este proceso se denomina disociación. Aunque es una excelente estrategia de afrontamiento para los niños, que les permite soportar situaciones insoportables, puede crear problemas para los supervivientes adultos.

La disociación suele convertirse en un hábito, y muchos supervivientes siguen disociando, al menos en cierto grado, cada vez que se sienten amenazados o asustados.

Otros se van a un lugar que no pueden identificar: "No puedo decir lo que pasa cuando | salgo de mi cuerpo, porque no estoy allí".

TRASTORNO DE IDENTIDAD DISOCIATIVO (PERSONALIDADES MÚLTIPLES)

. . .

Cuando no hay forma de escapar físicamente del dolor, el terror y la desesperación de los abusos graves, los niños a veces crean nuevos yos -también conocidos como personalidades alternativas- para separarse del abuso y soportar la carga. Esto puede ocurrir hasta tal punto que cumple los criterios para el diagnóstico del trastorno de identificación disociativo (TID), antes conocido como trastorno de personalidad múltiple.

Disociar hasta este punto es una adaptación muy satisfactoria a un dolor que de otro modo sería intolerable. Aunque descubrir la existencia de personalidades separadas puede resultar chocante, es esencial recordar que esta capacidad -y estos yoes internos- te permitieron sobrevivir a un trauma extremo. El hecho de haberlo hecho es un milagro.

El problema no es principalmente el de arreglarse a sí mismo porque se tiene este "trastorno", sino el de abordar y sanar el trauma que hizo necesaria esta forma de afrontamiento en primer lugar.

A veces es difícil para los supervivientes con TID aceptar y apreciar todos sus seres internos. Algunas personalidades alternativas pueden parecer hostiles, débiles o, de alguna manera, perturbadoras para ti. Es posible que desees deshacerte de ellas, pero es esencial recordar que todas ellas -por muy problemáticas que te parezcan ahora- desempeñaron un papel importante en tu supervivencia. Cada personalidad alternativa se desarrolló para cubrir una necesidad y, dadas las limitaciones de la situación, cumplieron esas funciones de la mejor manera posible. Todo lo que has hecho, aunque ahora no parezca tener sentido, tiene su propia lógica intrínseca, que es sana y racional.

Como forma creativa y altamente inteligente de afrontar y sobrevivir al abuso extremo, la capacidad de crear distintos yoes es un formidable testimonio de la inventiva de la mente y el espíritu humanos. A medida que aprendas a comprender y respetar las formas en que tu mente ha trabajado no sólo para mantenerte vivo, sino también para preservar y mejorar tus fortalezas y capacidades, podrás ofrecerte una actitud de aceptación, comprensión y honor.

ESPACIO

Las supervivientes tienen una extraña capacidad para distanciarse y no estar presentes.

Cada vez que algo la asusta, una superviviente encuentra un objeto en la habitación y lo mira fijamente, igual que hacía cuando era víctima de abusos. Otras supervivientes dan la impresión de estar presentes cuando en realidad no lo están. El problema de este tipo de distanciamiento es que no sólo te aíslas del dolor, sino que también te pierdes la riqueza de la vida y la conexión humana.

ESTRATEGIAS PARA PROTEGERSE EVITAR A LA GENTE

A veces, los supervivientes se aíslan porque se sienten dañados y no queridos, no merecen la amabilidad, el amor y la preocupación. O puede que nunca hayan aprendido a tender la mano, iniciar una conversación o establecer una conexión con otra persona. Pero el contacto humano es una necesidad básica. La falta de estas relaciones conduce a la soledad, la alienación y la desesperación.

EVITAR LA INTIMIDAD

Si no dejas que nadie se acerque a ti, nadie puede hacerte daño. Como explicó una mujer: "No puedes estar en una relación abusiva si no te relacionas". Otra añadió: "Me mantengo a salvo y sola". Algunas supervivientes hacen todo lo posible para limitar la intimidad. Una mujer dijo: "Puedo dejar de ser amiga de alguien y no pensarlo dos veces". Otra tuvo relaciones sólo con hombres que vivían a gran distancia de ella: "Uno de ellos estaba a un viaje en avión. El otro no tenía coche. Eso estuvo muy bien".

Algunos supervivientes evitan la intimidad de forma menos evidente, pareciendo abiertos y amistosos en la superficie, pero ocultando los verdaderos sentimientos en su interior.

EVITAR EL SEXO

Muchos supervivientes hacen todo lo posible para evitar el contacto sexual. Otros adormecen sus cuerpos para que no respondan.

MANTENER EL CONTROL

El control es un tema que recorre la vida de muchos supervivientes. Los supervivientes suelen hacer todo lo posible por mantener su vida en orden.

Para muchos supervivientes, esta necesidad de control se extiende tanto a las personas como a las cosas. Puede resultar difícil negociar o llegar a un acuerdo. Una intensa necesidad de control puede hacer difícil ver el punto de vista de otra persona, y acomodarse a las preferencias de otra persona puede sentirse extremadamente amenazante.

HIPERVIGILANCIA

De niño, sintonizar con cada matiz de tu entorno puede haberte salvado de sufrir abusos.

Ahora, es posible que siempre tengas que ser consciente de dónde estás en una habitación. Te sientas donde puedes vigilar la entrada, asegurándote de que nadie pueda colarse detrás de ti. También es posible que seas hiperconsciente de la gente, anticipando siempre sus necesidades y estados de ánimo. Una mujer dijo que era una cotilla empedernida precisamente por esta razón. Si estaba al tanto de lo que hacía todo el mundo a su alrededor, nadie podría volver a sorprenderla.

CREAR CAOS

Paradójicamente, los supervivientes a veces mantienen el control sobre su entorno creando caos. Si tu comportamiento está fuera de control, obligas a las personas que te rodean a dejar lo que están haciendo para responder a tu última crisis.

De este modo, te conviertes en la persona que lleva la voz cantante. Al igual que los hijos de los alcohólicos, los supervivientes suelen ser buenos tanto en la creación como en la resolución de crisis.

SEGURIDAD A CUALQUIER PRECIO

. . .

Una forma de lograr el control, o al menos de intentarlo, es tomar decisiones seguras y predecibles. Se toman pocos riesgos, sacrificando las oportunidades por la protección.

BUSCANDO SEGURIDAD EN LA RELIGIÓN

Los sobrevivientes a veces buscan seguridad y control adhiriéndose a un sistema de creencias que tiene reglas y límites claramente definidos.

ESCAPAR POR CUALQUIER MEDIO

De niño o de adolescente, puede que hayas intentado huir de un hogar en el que se abusaba de ti. O puede que hayas escapado a través del sueño, los libros o los videojuegos. Muchos supervivientes adultos siguen leyendo obsesivamente. Una mujer dijo: "Me compraba una novela basura y la leía hasta que me quedaba dormida, normalmente durante treinta y seis horas seguidas". Otros pasan la mayor parte de su vida frente a la televisión o la pantalla del ordenador. Si no soportaban creer que el abuso estaba ocurriendo realmente, podían fingir que "estaba ocurriendo otra cosa". A veces los niños crean fantasías que exploran su deseo de poder en una situación de impotencia. Muchos supervivientes continúan con una intensa vida de fantasía cuando crecen.

. . .

ADICCIONES, COMPULSIONES Y COMPORTAMIENTOS AUTODESTRUCTIVOS

Las adicciones son una forma común de intentar bloquear los recuerdos y silenciar el dolor del abuso sexual. Si hubiera habido personas seguras a las que acudir, habrías podido desarrollar otras formas de manejar tu dolor, tu vergüenza y tu rabia. Pero si no recibiste el apoyo y la protección que necesitabas, tuviste que encontrar la manera de manejarte por ti mismo.

Puede que hayas recurrido a las drogas, el alcohol o la comida para adormecer tus sentimientos. Puede que te hayas vuelto adicto a situaciones peligrosas, a la crisis o al sexo.

ADICCIÓN SEXUAL

Mientras que algunos supervivientes lo afrontan evitando el sexo, otros utilizan el sexo para satisfacer todas sus necesidades, incluso las que no son de naturaleza sexual. Como dijo un superviviente: "Si no querías tener sexo conmigo, sabía que no me querías. Como realmente necesitaba sentirme amada, tuve sexo con cualquiera que estuviera dispuesto a tenerme".

Al igual que esta mujer, es posible que busques sexo con extraños o que tengas aventuras que pongan en peligro una relación que es importante para ti. Puede ser adicto a la pornografía, al sexo telefónico, al sexo por Internet o al sexo en circunstancias humillantes, violentas, peligrosas o que recuerdan al abuso. Puede que sigas siendo víctima de abusos sexuales o que abuses sexualmente de otros. Cualquiera que sea el comportamiento habitual, puede que te resulte extremadamente difícil dejarlo, a pesar de los repetidos intentos y las buenas intenciones.

ANOREXIA Y BULIMIA

Algunas jóvenes que han sufrido abusos sexuales desarrollan anorexia y/o bulimia.

En una familia donde el abuso se oculta y las apariencias son normales, la anorexia o la bulimia pueden ser a veces un grito de ayuda. Y para las niñas que han sido presionadas para mantener relaciones sexuales que no querían cuando eran niñas, crecer en el cuerpo de una mujer puede ser aterrador. Piensan: "Si esto me pasó cuando era niña, ¿qué me harán cuando sea realmente una mujer?". La anorexia o la bulimia pueden ser una de las formas en que las chicas intentan decir que no, contener sus cuerpos cambiantes o afirmar su control.

COMER COMPULSIVAMENTE

. . .

Para muchas personas, comer compulsivamente es una forma de suprimir las emociones y evitar sentir dolor. Además, algunos supervivientes creen que ser corpulento les evitará tener que enfrentarse a las insinuaciones sexuales.

EXCESO DE TRABAJO

Una de las formas más comunes y aceptadas de comportamiento compulsivo es el ajetreo. Nuestra cultura premia los logros y considera normal un ritmo de vida frenético. Sin embargo, muchos supervivientes llevan el ajetreo al extremo, utilizándolo como una forma de evitar enfrentarse a sí mismos, a sus sentimientos o a su pasado. Una superviviente, que vivió toda su vida según la lista que escribía a primera hora de la mañana, comentó: "A menudo lloro por un ritmo de vida que nunca he tenido".

WORKAHOLISM

Muchos supervivientes sienten una necesidad abrumadora de conseguir logros para compensar el mal que sienten que se esconde en su interior. Sobresalir en el trabajo se valora en la cultura estadounidense de alto rendimiento, pero cuando se lleva al exceso, puede ser una forma de evitar una vida interior o la posibilidad de intimidad con las personas que te rodean.

. . .

ROBAR

Robar es una actividad totalmente absorbente que te permite olvidarte de todo por un breve momento, incluido el abuso. Es una forma de crear distracción o excitación, de recrear el intenso subidón de adrenalina que experimentaste cuando fuiste abusado por primera vez. Robar también es una forma de desafiar a la autoridad, un intento de recuperar lo robado, de igualar las cuentas. También puede ser un grito de auxilio.

HERIRTE A TI MISMO

La automutilación es una forma en que algunos supervivientes controlan su experiencia de dolor. La automutilación es una conducta de afrontamiento que la gente utiliza por muchas y complejas razones: para expresar su ira y su rabia, para mostrar por fuera el dolor que sienten por dentro, para sentir algo cuando están insensibilizados o para revelar que necesitan ayuda.

TÚ PUEDES CAMBIAR

Puede ser abrumador pensar en todas las formas en las que te has enfrentado. Pero este reconocimiento, aunque doloroso, es el primer paso para hacer cambios positivos.

. . .

Cuando eras un niño, no tenías muchas opciones. Hacías lo que tenías que hacer para sobrevivir. Ahora tienes más recursos. Puedes cambiar los patrones autodestructivos y dejar de lado las pautas de afrontamiento que ya no te sirven. Puedes practicar respuestas más sanas, basándote en las positivas que has desarrollado, y crear nuevos hábitos que sustituyan a los que estás dejando atrás. Este proceso no es fácil, y a menudo se producen contratiempos en el camino, pero es posible realizar cambios significativos y de calado en tu vida.

Para cada superviviente, este viaje será único. Cada uno comienza con un conjunto diferente de oportunidades y limitaciones. Si te has desenvuelto de una manera que obtiene un reconocimiento positivo -siendo supernumerario o teniendo éxito en el trabajo- tus opciones pueden ser más amplias que si has recurrido a las drogas como forma de salir adelante. Si estás encarcelado en una prisión o en un hospital psiquiátrico, es evidente que no tendrás el mismo abanico de opciones. Tu salud, tu situación económica y social, tu raza y tu educación influyen en tus oportunidades, pero sea cual sea tu situación, puedes tomar mejores decisiones y cambiar tu vida.

Sin embargo, el punto de partida para todos es analizar las formas en que te enfrentaste a la situación y perdonarte a ti mismo. No tienes motivos para avergonzarte. Hiciste lo mejor que pudiste de niño en circunstancias imposibles. Te has ganado el nombre de superviviente. Ahora eres un adulto con el poder de hacer cambios positivos. Desde un lugar de autoaceptación y amor propio, puedes hacerlo.

EJERCICIO DE ESCRITURA: AFRONTAMIENTO

Has leído sobre diferentes maneras en que la gente se ha enfrentado a la situación. Con algunas de ellas te sentirás identificado. Puede que haya otras no mencionadas que hayan sido temas recurrentes en tu vida. Esta es una oportunidad para que escribas sobre tu experiencia de afrontamiento: cómo te has enfrentado a ello en el pasado, cómo te enfrentas en la actualidad y cómo estas decisiones han afectado a tu vida. Escribe con todo el detalle que puedas, siempre desde la perspectiva de honrar lo que hiciste.

3

Habilidades de supervivencia para la curación

La curación es un trabajo exigente. Altera tus viejas formas de afrontar las cosas; hace aflorar el dolor profundo, el miedo y la pena; y requiere que hagas cambios profundos en tu vida.

Cuando te encuentras en pleno proceso de curación del abuso sexual infantil, es especialmente importante que seas amable contigo mismo. Sin embargo, un efecto secundario común del abuso sexual infantil es la insensibilidad a nuestras propias necesidades y la falta de conciencia sobre el autocuidado, por lo que uno de los primeros retos a los que nos enfrentamos en el proceso de curación es la necesidad de desarrollar una nueva habilidad de supervivencia: cómo cuidarnos a nosotros mismos.

A menudo, los supervivientes preguntan a Laura en qué fase del proceso de curación se encuentran, y su respuesta es siempre la misma. Ella les pregunta: "¿Qué estás haciendo para cuidarte?".

Este es un mejor indicador de la curación que la cantidad de terapia que has recibido, las lágrimas que has llorado o el número de personas a las que has contado tu historia de incesto.

Pregúntate a ti mismo: ¿Soy amable conmigo mismo cuando cometo un error? ¿Puedo relajarme y descansar de la intensidad de la curación? ¿Soy capaz de hacer cosas que me gustan? ¿Duermo lo suficiente y me alimento de forma saludable? ¿Formo parte de una comunidad de personas que se quieren y se apoyan? ¿Puedo reconocer las cosas que van bien en mi vida? ¿Hay cosas que hago de las que me siento orgulloso? Cuando puedas responder afirmativamente a la mayoría de estas preguntas o estés avanzando en esa dirección, estarás en camino de sanar. Sin embargo, si estás al principio del proceso de curación, es posible que aún no puedas responder afirmativamente a ninguna de las preguntas. Muchos supervivientes han estado demasiado ocupados corriendo, sobrellevando la situación y saliendo adelante como para pensar en la mejor manera de cuidarse a sí mismos. Pero incluso si estás empezando, puedes dar pequeños pasos hacia el autocuidado.

Una forma de empezar es adoptar una actitud suave hacia el proceso de curación en sí. La fuerza no favorece la curación, sino que la impide. Es tan importante aprender a relajarse, a reír, a comer bien, a dormir y a disfrutar de los momentos cotidianos como lo es enfrentarse a la vergüenza, al duelo y a la indignación. Necesitas tiempo de tranquilidad para integrarte y reunir fuerzas. Y, por supuesto, la serenidad es uno de los objetivos del proceso de curación, un premio que merece la pena en sí mismo.

Si estás al principio del proceso de curación y tu vida está llena de emociones, recuerdos y crisis dolorosas, la idea de marcarte un ritmo, tomar descansos o curarte con el tiempo puede parecer irrelevante. Ahora te sientes fatal y quieres que el dolor desaparezca. Pero la curación del abuso sexual no es una propuesta a corto plazo. Es un proceso gradual, basado en pequeños pasos diarios. Tienes que establecerte para el largo plazo. Tienes que aprender a vivir tu vida mientras te curas.

SUPERAR EL AISLAMIENTO

Si tienes la suerte de formar parte de una familia o comunidad que te apoya, tienes una red de seguridad que te proporcionará un gran consuelo y será una fuente de fortaleza. Pero muchos supervivientes están muy aislados. Después de una vida de soledad, puede ser difícil desarrollar relaciones estrechas. Sin embargo, encontrar personas seguras y aprender a confiar es el núcleo del proceso de curación. Ya has sufrido los abusos en solitario. No tienes que curarte en el mismo aislamiento solitario.

. . .

DESARROLLAR UN SISTEMA DE APOYO

Un sistema de apoyo es una red de personas que te ayudan a superar la vida y el exigente trabajo de curación. Le dan apoyo práctico. Te traen una comida, cuidan de tus hijos, te llevan a una cita con el médico o te ayudan a encontrar un nuevo lugar para vivir. Le ofrecen apoyo intelectual, sugiriéndole libros y recursos que puedan ayudarle, hablando de estrategias y planes. También ofrecen apoyo emocional.

Se sientan contigo cuando lloras y te consuelan cuando te sientes mal. Y te dan apoyo espiritual, te inspiran y te dan esperanza.

Las personas de tu sistema de apoyo confían en tu capacidad para curarte. En lugar de verte como alguien dañado, te perciben como una buena persona que está pasando por un mal momento.

Reconocen tu potencial y tu belleza incluso cuando tú mismo no puedes verlo. Sobre todo, te quieren y te respetan. Al desafiar tus viejas ideas sobre ti mismo, tus personas de apoyo te inspiran a crecer. Cuando estás cerca de ellos, debes sentirte tranquilo, atendido y escuchado.

Ahora que te estás curando, es esencial que estructures tu vida de modo que estés en contacto con personas que te respeten, te comprendan y te tomen en serio. Esto es lo que no tuviste de niño y lo que necesitas ahora.

Considera que eres lo suficientemente valioso como para discriminar a las personas con las que te relacionas. Aunque no siempre estás en condiciones de cortar completamente el contacto con las personas que no te respetan (por ejemplo, un profesor de un curso obligatorio), elimina a los que tienen un patrón de desconsideración o falta de amabilidad.

EVALÚA TUS RELACIONES

Observa las relaciones que ya tienes. ¿Con quiénes te relacionas cada día, cada semana, cada mes? Piensa en los compañeros de piso, los familiares, los amigos, los vecinos, los compañeros de trabajo, los conocidos, las personas de tu comunidad religiosa, las personas que has conocido en las reuniones de 12 pasos, los consejeros y otros profesionales de la ayuda. Piensa en cada persona y evalúa si puedes pedirle un favor, confiar en ella o compartir tus sentimientos con seguridad. ¿Hay personas que saben que has sufrido abusos sexuales y te apoyan en tu curación?

¿Hay personas a las que todavía no se lo has contado pero que han demostrado su consideración de otras maneras? Conseguir la comprensión de las personas a las que ya estás unida es una parte importante de la creación de un sistema de apoyo.

Si acabas de empezar a tender la mano, empieza con una sola persona. Tener incluso una persona en la que confiar puede cambiar radicalmente tu experiencia.

APRENDER A PEDIR AYUDA

Un sistema de apoyo sólo es eficaz cuando se utiliza. Esto puede parecer obvio, pero no siempre es fácil de hacer. Las personas que han crecido en familias maltratadas suelen creer que tienen que hacerlo todo ellas mismas o que sólo merecen ayuda en caso de emergencia. Es posible que tengan miedo de pedir ayuda porque significa ceder el control, depender de otra persona, admitir su "debilidad" o arriesgarse a ser rechazados.

Si te encuentras indeciso a la hora de tender la mano, plantéate si estarías dispuesto a prestar ayuda a un amigo en tu situación. Si es así, esto puede ayudarte a ver que tanto el que necesita ayuda como el que la da ganan algo valioso en el intercambio. A menudo, hay personas en tu vida que querrían ayudar si pudieran. Pero si no les dices por lo que estás pasando y lo que necesitas, les niegas esa oportunidad.

. . .

Una vez que has reconocido que necesitas -y mereces- ayuda, tienes que dar el gran salto y pedirla. Aunque a veces no consigas lo que quieres, el apoyo aparece a veces de forma inesperada y de fuentes inesperadas.

Cuando pidas ayuda, presta atención a las reacciones que recibas. Tu petición puede ser tratada con respeto o puede ser criticada. Si obtienes constantemente respuestas negativas, puede que estés pidiendo a la persona equivocada (alguien que está demasiado ocupado o que no está interesado en este tipo de relación contigo) o puede que estés pidiendo de forma equivocada (no siendo directo o claro, no siendo lo suficientemente específico, pidiendo demasiado a la vez).

Comprueba qué puedes aprender de tus intentos y vuelve a intentarlo.

EL VALOR DEL ASESORAMIENTO

Para muchos supervivientes, un terapeuta experto es una parte integral de su sistema de apoyo.

Un buen consejero es un testigo compasivo de su curación, conoce el terreno y puede guiarle a través del proceso. Al ofrecer un apoyo constante, ánimo, esperanza, información y comprensión, un consejero proporciona una relación segura en la que se puede crecer. Laura explica:

Cuando no podía creer en mí misma, cuando no sabía si podría lograrlo, mi consejera creía en mí. Semana tras semana, se sentaba allí, como testigo cariñoso de mi dolor y mi progreso. Me quería sin importar lo que hiciera o dijera. Por primera vez en mi vida, me sentí aceptada como si fuera valiosa, no por lo que hacía, sino por lo que era. Ese fue su mayor regalo.

Tu consejero debe ser alguien que realmente se preocupe por ti y que refleje constantemente tu valor esencial:

Cuando se ha producido un daño real por parte de personas que deberían haber sido dignas de confianza, existe un profundo nivel de confusión sobre tu propia bondad, valía y valor. Como el daño se produjo en una relación, se cura en una relación. Una relación con un terapeuta que sea cálida, cariñosa y presente es uno de los lugares donde puede producirse una profunda curación.

Un consejero proporciona un lugar seguro para derramar los secretos y el dolor -y las esperanzas- que se han guardado en su interior. Y en ese intercambio, se produce una transformación:

Algunas personas piensan que un terapeuta tratará de arreglarlas, como un mecánico de automóviles -hacer un ajuste aquí, otro allá, cambiar una pieza- y esto se sentirá perturbador, invasivo y problemático. Pero si se trata de una buena relación terapéutica, no es así.

. . .

Al final te curas, pero en los lugares que necesitas y de una manera que te hace sentir bien. Es reconfortante y es un alivio.

En una relación terapéutica sólida, se produce un tipo especial de magia. Se recuperan los sentimientos, se resuelven antiguas heridas, se replantean las vidas y el futuro se abre con posibilidades. La terapia puede ser un poderoso vehículo para el cambio.

CÓMO LIDIAR CON EL PÁNICO

El miedo es una parte normal de la vida y del proceso de curación. Cuanto más se familiarice con él, menos angustioso será.

Pero al principio del proceso de curación, puede haber momentos en los que te sientas abrumado por el miedo.

El pánico es un miedo que se ha descontrolado. Sientes pánico cuando te asustan tus propias emociones y no tienes la habilidad de calmarte o cuando intentas como loco suprimir sentimientos o recuerdos. A veces el pánico aparece cuando el pasado se inmiscuye en el presente y se siente como si estuviera sucediendo ahora".

. . .

Aunque el pánico puede parecer surgir de la nada, siempre hay un desencadenante. A menudo se trata de un recuerdo de abuso del que no se es consciente. R. Taylor sentía pánico cada vez que se detenía en un semáforo en rojo.

La sensación de estar encerrada e incapaz de moverse le recordaba la sensación de estar atrapada cuando fue abusada.

Cuando uno se encuentra en estado de pánico, no suele ser consciente de estas conexiones. Simplemente se siente fuera de control. El corazón se acelera, la respiración se acelera. Puede que empiece a sudar, que quiera correr o que sienta que su cuerpo va a explotar. Incluso tu visión puede cambiar. Puedes temer que te estés volviendo loco. Y no entender lo que está pasando sólo empeora las cosas. Si empiezas a sentirte abrumado y con pánico, respira. Siéntate con esa sensación. A menudo las mujeres piensan que tienen que hacer algo rápidamente para alejarse de los sentimientos de terror y alarma, pero este frenesí por escapar puede aumentar su miedo en lugar de aliviarlo. No te apresures a actuar. En lugar de ello, asegúrate de que se trata sólo de un sentimiento, por muy fuerte que sea, y que los sentimientos siempre cambian.

Cuando estás muy asustado, expresar tus sentimientos a veces puede liberarte del miedo, pero sólo si estás en un entorno que sea seguro. Un grupo de terapia puede ser un buen lugar para entrar en contacto con sentimientos profundamente enterrados. Conducir a casa no lo es. Si decides que no es un buen momento para expresar o actuar sobre tus sentimientos -o si expresar tus sentimientos aumenta tu pánico- toma medidas para calmarte.

CALMA

La forma más eficaz de afrontar el pánico es detectarlo a tiempo. Una vez que el pánico se descontrola, es más difícil de manejar, pero al menos puedes mantenerte centrado en una dirección positiva para no hacerte daño a ti mismo o a los demás.

Lo importante para calmarse es hacer cualquier cosa que funcione para ti, siempre que sea segura, incluso si parece tonta o embarazosa. A través de la prueba y el error, puedes elaborar una lista de cosas que te ayuden. Intenta incluir actividades que involucren tantos sentidos como sea posible (sensación, oído, vista, gusto, olfato). Y es importante que te acerques a los demás, aunque sea lo último que quieras hacer.

Como no piensas con tanta claridad o creatividad cuando estás en estado de pánico, haz una lista en un momento de calma y tenla a mano. Si todo está escrito de antemano, sólo tienes que coger la lista, empezar por la parte superior e ir bajando.

. . .

Ya hemos perdido demasiadas mujeres. Demasiadas víctimas -tanto adultos como niños- han carecido de apoyo adecuado y, por desesperación, se han suicidado. No podemos permitirnos perder más. No podemos permitirnos perderte a ti. Tú mereces vivir.

Te han enseñado a volcar esa ira hacia dentro. Cuando te sientes tan mal que quieres morir, hay una ira en tu interior que necesitas reenfocar hacia la persona o personas que te hicieron tanto daño cuando eras niño.

A medida que te pongas en contacto con esa ira, tu miedo y tu odio a ti mismo se disiparán. Querrás mantener tu vida, no destruirla.

Todo esto lleva tiempo. Mientras tanto, no te mates. Busca ayuda. Si la primera ayuda no sirve, busca otra. No te rindas.

Cuando te sientes tan mal como para querer morir, es difícil imaginar que puedas sentirte de otra manera. Pero puedes hacerlo. Y lo harás.

Si empiezas a sentirte suicida o con ganas de hacerte daño, busca ayuda de inmediato. Cuando estés luchando con sentimientos suicidas, es importante que cuentes con el apoyo de un terapeuta capaz. Y asegúrate de tener el número de una línea telefónica de prevención del suicidio antes de que lo necesites.

Guarda ese número junto con el de tu terapeuta en un lugar obvio y de fácil acceso donde puedas encontrarlo incluso cuando estés muy angustiado.

También es esencial hacer un contrato de no suicidio con tu consejero. Elaboren juntos los términos del contrato para que sea muy claro y ambos puedan confiar en él. Por ejemplo, prometes llamar a tu terapeuta si no estás seguro de poder mantenerte a salvo. Entonces, te comprometes a esperar hasta que te llame, independientemente del tiempo que pase. Si pasa mucho tiempo, vuelve a llamar porque siempre es posible que tu mensaje no haya sido recibido.

Tu terapeuta promete volver a llamar en cuanto reciba el mensaje. Si no puedes mantenerte a salvo mientras tanto, acordáis que irás a un hospital, llamarás a prevención de suicidios o buscarás otro tipo de ayuda mientras esperas la llamada de tu terapeuta. Este acuerdo, cuando ambos se comprometen a cumplirlo, proporciona una red de seguridad. También fomenta la confianza y la colaboración en la alianza que estáis construyendo juntos. Si tu terapeuta no acepta este contrato, busca otro lo antes posible.

Lo importante es saber que los sentimientos pasarán. Puedes pensar que los sentimientos te consumirán, que serán absolutamente insoportables. Pero puedes aprender a esperarlos. Es como un parto difícil. La parturienta piensa que no puede soportar otra contracción, pero sí puede. Y entonces se le pasa.

Cada vez que eres capaz de soportar el dolor de tus sentimientos sin hacerte daño, cada vez que eres capaz de mantenerte a salvo, de pedir ayuda, de hacerte amigo de ti mismo a través de la angustia, has construido un poco más de espíritu guerrero. Has luchado contra el lavado de cerebro de los maltratadores y has ganado la batalla. No has dejado que te destruyan.

CREAR UN LUGAR SEGURO

Es una buena idea crear un lugar seguro en tu casa, un lugar al que puedas ir cuando tengas miedo. Tu lugar seguro puede ser el asiento de una ventana en la escalera, tu cama o tu sillón de lectura favorito.

O puede ser un escondite donde nadie pueda encontrarte. Una mujer pasó la noche durmiendo en su armario encima de sus zapatos, algo que había hecho de pequeña para consolarse en una casa donde ningún lugar era seguro.

Comprométete contigo mismo a que si empiezas a sentirte fuera de control y con miedo a lo que puedas hacer, irás a ese lugar y te quedarás allí, respirando una vez cada vez hasta que se te pase la sensación. Y ponte de acuerdo contigo mismo en que, mientras estés en ese lugar, no te harás daño a ti mismo ni a nadie, estarás a salvo.

Si está experimentando un miedo, una rabia, una pena o una desesperación tremendas, puede dudar de que pueda vivir ni siquiera un minuto más, por no hablar de las horas que pueden pasar hasta que los sentimientos disminuyan o hasta que consiga ayuda.

4

Trabajar con un asesor

El apoyo de un consejero experto puede ser extremadamente útil para su curación. Para los supervivientes que fueron heridos por las personas más cercanas a ellos, una de las cosas más valiosas de ver a un terapeuta puede ser que tienes la oportunidad de volver a confiar. Para mí, lo más importante de la terapia es que hay alguien que te escucha. Con libertad. No te contestará, ni te corregirá, ni te interrumpirá, ni te dirá que te equivocas, ni te socavará de forma más sutil.

Puedes decir lo que quieras; puedes decir las cosas más cercanas a tu corazón, las cosas que quizás nunca le hayas dicho a nadie, y todo está bien.

ELEGIR UN CONSEJERO

. . .

Esté dispuesto a esforzarse por encontrar el consejero adecuado.

No tiene que acudir a la primera persona que vea. Aunque estés en crisis, no te comprometas a una relación terapéutica a largo plazo hasta que te sientas seguro de que tienes a la persona adecuada.

Pide recomendaciones a amigos, a otros supervivientes o a familiares de confianza. Los refugios para mujeres maltratadas, los centros de crisis por violación, los centros de padres y otros programas para mujeres también son lugares probables para obtener referencias.

Puede ahorrar dinero y tiempo haciendo una selección preliminar por teléfono. Los asesores tienen diferentes políticas al respecto. La mayoría hablará con usted brevemente por teléfono de forma gratuita.

Una vez que hayas reducido tus opciones, reúnete con los dos o tres que más te gusten. Una mujer acudió a seis consejeros, uno cada semana, hasta que encontró a la persona con la que quería trabajar.

A la hora de evaluar a los posibles consejeros, he aquí algunas pautas útiles. Tu posible consejero:

- Nunca debe minimizar sus experiencias o su dolor
- Debe conocer el proceso de curación de los adultos que han sufrido abusos sexuales en la infancia Debe centrarse en usted, no en su agresor
- Debe darte espacio para explorar tu propia historia sin intentar definirla por ti No debe presionarte para que te reconcilies o perdones al agresor No debe ser tu amigo fuera de la terapia
- No debe hablar de sus problemas personales No debe ser sexual contigo, ni ahora ni nunca en el futuro " Debe respetar todos tus sentimientos (pena, ira, rabia, tristeza, desesperación, alegría) No debe obligarte a hacer nada que no quieras hacer Debe animarte a crear un sistema de apoyo fuera de la terapia
- Debería enseñarle habilidades para cuidarse a sí mismo
- Debe estar dispuesto a discutir los problemas que ocurren en la relación terapéutica
- Debe ser responsable de los errores que cometa

Haz preguntas para hacerte una idea de las actitudes, la experiencia y la forma de trabajar del asesor. También puede haber temas particulares que le interesen. Por ejemplo, puede querer a alguien familiarizado con el alcoholismo o con los trastornos alimentarios. Muchos supervivientes prefieren trabajar con una mujer porque se sienten más seguros, porque un hombre abusó de ellos o porque se sienten más cómodos hablando de sus sentimientos íntimos con una mujer.

Otros supervivientes se han beneficiado de trabajar con terapeutas masculinos porque querían una relación segura en la que pudieran aprender a confiar en un hombre, También puede preferir un consejero de su raza, origen económico, orientación sexual o religión.

Puede que tus necesidades no sean tan especializadas y que tus opciones varíen en función del lugar donde vivas.
    Pero merece la pena intentarlo para encontrar a la persona más adecuada para ti.

Una vez que hayas hablado con varios consejeros, compara cómo te sentiste al hablar con cada uno de ellos. ¿Con quién sentiste la mayor conexión? ¿Dónde te sentiste más a gusto?

Piensa en la forma en que cada persona respondió a tus preocupaciones. Compara su disponibilidad, sus filosofías y sus honorarios.

Cuando busques un consejero, es útil adoptar la actitud de que eres un consumidor que elige con conocimiento de causa a la persona que contrata para trabajar contigo. Aunque busques asesoramiento para satisfacer una necesidad emocional, ser un consumidor te da ciertos derechos: el derecho a determinar las cualidades que quieres en un terapeuta, el derecho a ser tratado con respeto, el derecho a decir que no a cualquiera de las sugerencias que te haga tu terapeuta, el derecho a estar satisfecho con los servicios que recibes, el derecho a discutir libremente cualquier problema que surja en la terapia con tu terapeuta y el derecho a terminar una relación terapéutica que no esté funcionando para ti.

SI HAS ESTADO EVITANDO EL ASESORAMIENTO

Aunque es prudente elegir con cuidado, no insistas en tantas cualificaciones que nadie pueda cumplir tus criterios: seguía eligiendo consejeros de los que podía deshacerme fácilmente.

Fui a ver a siete consejeros diferentes para una o dos sesiones.

Me esforzaba por encontrar personas que trabajaran lejos de donde yo vivía, para poder decir: "Oh, bueno, esto está demasiado lejos para conducir". Elegía terapias no tradicionales porque no quería trabajar en cosas. Una vez elegí un consejero de vidas pasadas, ¡y sabes que eso no era lo que necesitaba trabajar! Pedía la cita inicial porque me sentía desesperada. Al cabo de una o dos visitas, ya no estaba tan desesperada y lo dejaba.

. . .

Soledad quería ver sólo a una consejera chicana lesbiana que hubiera trabajado con abusos sexuales. Como no había nadie que cumpliera con estas especificaciones en su zona, podría haberse convencido a sí misma de no ir a terapia. Pero decidió que conseguir ayuda era más importante. Llegó a un acuerdo y encontró a una mujer blanca y heterosexual que la ayudó a recuperarse.

¿CÓMO SE SIENTE UN ASESORAMIENTO EFICAZ?

Cuando trabajas con un buen consejero, debes sentirte comprendido y apoyado. Debe sentir calidez y cariño. Y eso debería ocurrir al principio del proceso terapéutico.

Sin embargo, no siempre se puede juzgar si se está con un buen terapeuta por lo que se siente en el momento. Algunas mujeres experimentan el asesoramiento como un refugio al que no pueden esperar a llegar. Otras temen cada sesión y tienen que obligarse a ir. Una mujer dijo: "Hubo momentos en los que me aterrorizaba absolutamente ir a terapia.

No sé cómo conducía hasta allí, cómo salía del coche, cómo pasaba por la puerta".

El asesoramiento no siempre es cómodo, pero sabrás que estás con un buen consejero si desarrollas más y más habilidades para cuidar de ti mismo a medida que pasa el tiempo.

Aunque haya un periodo inicial de fuerte dependencia, con el tiempo deberías ser más independiente.

SI CREE QUE HAY UN PROBLEMA

Si no te sientes respetado, valorado o comprendido o si tu experiencia está siendo minimizada o distorsionada, eso es una señal de que estás en una mala terapia, o al menos de que hay un mal ajuste entre tú y el consejero. Si sientes que hay algo que no funciona en la relación terapéutica, o si te molestas o enfadas con tu consejero, háblalo en tu sesión. Después, debes sentir que has sido escuchado y comprendido. Si su consejero no tiene en cuenta sus sentimientos o responde a la defensiva, entonces no está recibiendo el respeto al que tiene derecho.

Busca en otra parte.

Sin embargo, también es importante reconocer que su consejero puede no ser capaz de satisfacer todas sus necesidades.

Durante algunas partes del proceso de curación, es posible que realmente necesites apoyo varias veces al día, por ejemplo.

. . .

En un mundo ideal, eso estaría a tu disposición, pero siendo realistas, tu consejera puede no ser capaz de proporcionarte todo lo que desearías.

Además, algunos supervivientes tienen un patrón autodestructivo de pedir lo imposible y luego rechazar a su consejero cuando no consiguen todo lo que quieren. A veces puede ser difícil determinar qué es y qué no es razonable pedir. Y puede ser un reto identificar tu propio papel en la creación de una situación en la que te sientes traicionado una vez más. Si esto es un patrón en tu vida -o si sospechas que podría serlo- habla con tu terapeuta sobre ello. A veces, reunirse con una tercera persona puede ser útil para resolver una relación compleja o confusa.

Si un consejero quiere tener una relación sexual contigo, sal de inmediato. Denuncie al terapeuta a la junta de licencias correspondiente. Nunca está bien que los terapeutas tengan relaciones románticas o sexuales con sus clientes.

Si has tenido una experiencia perjudicial con un consejero, tienes derecho a estar enfadado, pero no dejes que una experiencia terapéutica negativa te impida obtener la ayuda que necesitas y mereces. Antes de comprometerse con otra relación de asesoramiento, piense en lo que quiere; tómese su tiempo y utilice los recursos disponibles para protegerse en el futuro.

ENCONTRAR TU PROPIA VERDAD

La base de una buena terapia es una relación respetuosa en la que el terapeuta proporciona un espacio seguro, una atención genuina y apoyo. Los buenos terapeutas no dirigen, sino que acompañan a sus clientes a los lugares difíciles y dolorosos a los que necesitan ir. Al hacerlo, sus clientes se ven capacitados para hacer su propio trabajo de curación, para descubrir su propia historia, para encontrar su propia verdad. Como explica Judith Herman, autora de Trauma y recuperación, "la psicoterapia es un esfuerzo de colaboración, no una forma de adoctrinamiento totalitario".

Todos los terapeutas, incluso los buenos, cometen a veces errores. En el pasado, estos errores -en relación con los supervivientes- tenían más que ver con minimizar y negar el abuso que con imaginarlo donde no existía. Incluso ahora, muchos terapeutas son reacios a explorar una historia de abuso con sus clientes.

Por otro lado, algunos terapeutas han llegado a la conclusión por su cuenta de que una clienta había sufrido abusos, independientemente de que la propia persona pensara que lo había hecho. Esto es una terapia irresponsable y potencialmente peligrosa para el cliente.

Recuerda que tú eres el experto en tu propia vida. A veces el camino para conocer tu historia es gradual, pero intenta ser paciente con el proceso y con el tiempo llegarás a comprender mejor tu pasado.

GRUPOS DE APOYO

Estar con otros supervivientes es una parte importante del proceso de curación para muchos de ellos.

El trabajo en grupo es especialmente útil para tratar la vergüenza, el aislamiento, el secreto y la autoestima. Hablar con otras supervivientes también es útil para resolver problemas. Es probable que haya al menos otra mujer en la sala que tenga sugerencias para afrontar cualquier problema que tengas.

En los grupos, los supervivientes se reúnen a una hora programada específicamente para apoyarse mutuamente en su curación. Los grupos pueden organizarse para un número determinado de semanas o pueden ser continuos. Los grupos dirigidos por un facilitador o consejero capacitado suelen tener una cuota semanal o mensual, pero en algunas comunidades hay grupos gratuitos. También hay grupos gratuitos basados en el modelo de los 12 pasos.

Supervivientes de Incesto Anónimos (SIA) y Supervivientes de Incesto Anónimos (ISA) son dos de estas organizaciones que ofrecen la oportunidad de reunirse y compartir con otros supervivientes.

. . .

Estar con supervivientes de abusos sexuales a menores mientras comparten sus sentimientos, sus luchas y sus triunfos te permite reflexionar sobre tu propia experiencia desde una perspectiva diferente. Ves a mujeres que, a pesar de su dolor y sus problemas, son personas fuertes y hermosas con integridad.

Puedes ver que el abuso no fue su culpa, que ellas no tienen la culpa.

Puedes sentirte indignada en su nombre y compasiva con su sufrimiento -bondades que tal vez aún no te hayas extendido a ti misma. Y cuando te das cuenta de que te pareces mucho a esas otras "mujeres" -que eres una de ellas- aprendes a verte a ti misma bajo la misma luz de afirmación.

Trabajar en grupo es la única terapia útil que he recibido en toda mi vida, y he estado en terapia desde que tenía seis años. Son cuarenta y un años. Estar en un grupo es mejor que estar con un terapeuta porque los otros supervivientes realmente entienden, no se les enseñó a entender.

NORMAS PARA UN BUEN GRUPO

Un buen grupo de apoyo debe ser un espacio seguro y respetuoso en el que se valore a cada miembro. Las expectativas deben ser claras, los participantes deben compartir el tiempo y la atención de forma equitativa, y nadie debe dominar ni ser excluido. La persona debe sentirse aceptada y capaz de hablar honestamente de su experiencia y sus sentimientos. Nadie debe sentir que necesita exagerar su abuso o su dolor para merecer atención. Dado que los supervivientes comparten partes extremadamente vulnerables de sí mismos, los grupos de apoyo no son lugares apropiados para las confrontaciones y las críticas. Por el contrario, la atención debe centrarse en el viaje de curación individual y único de cada mujer.

UN VIAJE MUTUO

Cuando confías en un consejero para que sea testigo y apoye tu curación, estás permitiendo que esa persona te vea, te conozca y toque tu vida de una manera profunda.

El consejero debe considerarlo un honor y un privilegio, y debe poner a tu disposición lo mejor de sus habilidades, experiencia y compasión. Por su parte, usted ofrece la voluntad de enfrentarse a su pasado y de trabajar honestamente con sus mejores esfuerzos. El resultado es una colaboración en la que puedes sanar, crecer y crear una vida rica y satisfactoria.

El asesoramiento no es el único contexto en el que puede producirse esa curación. Muchos supervivientes realizan su trabajo de curación de otras maneras: a través del arte, la música, la escritura, las aventuras al aire libre, la espiritualidad y el activismo, por nombrar algunas. Los supervivientes obtienen su apoyo de amigos, parejas, familiares y otros supervivientes. Pero para muchos, el asesoramiento es el núcleo de su sistema de apoyo, proporcionando un refugio seguro y de apoyo que hace que el crecimiento y la transformación sean una realidad.

5

El proceso de curación

Una visión general

"¡No te rindas! Eso es lo más importante al principio. Hay gente que lo ha vivido, y por muy trillado y estúpido e irrelevante que te suene ahora, luego no te dolerá tanto. Incluso no tan lejos en el futuro. Si has llegado hasta aquí, es que tienes cosas muy buenas. Así que confía en ello. No renuncies a ti mismo".

Los supervivientes suelen estar preocupados por lo largo y difícil que es el proceso de curación. Una mujer dijo: "Pensé que una vez que le contara a alguien lo que me había sucedido, eso sería el final. Quería ponerme bien, y por supuesto que iba a suceder de la noche a la mañana".

Vivimos en la sociedad de la comida rápida, el correo electrónico y la mensajería instantánea. Nos han enseñado a esperar resultados inmediatos. Pero un cambio profundo lleva tiempo.

El proceso de curación es un proceso continuo. Comienza con la supervivencia, la conciencia de haber vivido el abuso y haber llegado hasta hoy. En última instancia, conduce a una vida rica y satisfactoria, ya no programada por el pasado. Lo que ocurre entre medias es el tema de este libro: el proceso de curación.

Hay etapas reconocibles por las que pasan todos los supervivientes. Los próximos capítulos te proporcionarán un mapa de esas etapas, permitiéndote ver dónde estás, lo que ya has logrado y lo que aún te queda por delante.

Hemos presentado las etapas en un orden determinado, pero es probable que usted no las experimente de esa manera. Pocos supervivientes terminan la etapa 1 y luego pasan a la etapa 2.

La curación no es lineal. Más bien, es una parte integral de la vida.

El proceso de curación se parece más a una espiral que a una línea recta. Pasas por las mismas etapas una y otra vez, pero al viajar a lo largo de la espiral, las experimentas a un nivel diferente, con una perspectiva distinta. Cada vez tienes más recursos internos y un abanico más amplio de opciones para responder. Puede que pases uno o dos años lidiando intensamente con tu abuso. Después, puede que te tomes un descanso y te centres más en el presente.

Un año más tarde, los cambios en tu vida -una nueva relación, el nacimiento de un hijo, la graduación de la escuela, una enfermedad, el despido de un trabajo, la menopausia, la muerte de uno de tus padres, una revictimización, o simplemente un impulso interior- pueden despertar más recuerdos y sentimientos no resueltos, y puedes volver a centrarte en tu curación, embarcándote en una segunda, tercera o cuarta ronda de descubrimiento. Con cada nuevo ciclo, tu capacidad de sentir, de reconocer el impacto del abuso en tu vida y de hacer cambios duraderos se fortalece.

No hay una "forma correcta" de pasar por las etapas del proceso de curación. El camino de cada persona será único, al igual que cada persona es única. Para algunos supervivientes, ciertas etapas serán más prominentes y requerirán más tiempo y atención que para otros. El orden en el que experimentes las etapas puede ser diferente del que se presenta aquí. Y el significado de cada etapa se verá afectado por tu propia experiencia vital.

LAS ETAPAS

Aunque la mayoría de estas etapas son necesarias para todo el mundo, algunas -la etapa de emergencia, la de recordar, la de revelar el abuso a su familia y la de perdonar- no son aplicables a todo el mundo.

La decisión de sanar. Una vez que reconozcas los efectos del abuso sexual en tu vida, necesitas hacer un compromiso activo para sanar. La curación profunda sólo se produce cuando la eliges y estás dispuesto a cambiar.

La etapa de emergencia. Empezar a enfrentarse a los recuerdos y a los sentimientos reprimidos durante mucho tiempo puede hacer que su vida se convierta en un caos. Es un momento en el que el dolor emocional es intenso, los antiguos mecanismos de afrontamiento ya no están intactos y puede ser difícil funcionar a tu nivel habitual. Recuerda que esta etapa no durará siempre.

Recordar. Muchos supervivientes suprimen parte o todo el recuerdo de lo que les hicieron cuando eran niños. Aquellos que no olvidan los incidentes reales pueden olvidar cómo se sintieron en ese momento o pueden no darse cuenta completamente de cuánto les ha afectado la experiencia.

Recordar es el proceso de recuperar tanto la memoria como los sentimientos, y comprender el impacto que el abuso ha tenido en su vida. Creer que ocurrió. Los supervivientes suelen dudar de sus propias percepciones. Aceptar que el abuso realmente ocurrió, y que realmente te hizo daño, es una parte vital del proceso de curación.

Romper el silencio. La mayoría de los supervivientes mantuvieron el abuso en secreto en la infancia. Contar su historia a una persona segura es una poderosa fuerza curativa que puede disipar la vergüenza que suele acompañar a la victimización. Entender que no fue tu culpa. Los niños suelen creer que el abuso es su culpa. Los sobrevivientes adultos deben aprender a colocar la culpa donde corresponde: directamente sobre los hombros de los abusadores.

El niño interior. Muchos supervivientes han perdido el contacto con su propia inocencia y vulnerabilidad. Sin embargo, dentro de cada uno de nosotros hay un niño -o varios niños de diferentes edades- que fue profundamente herido y necesita sanar. Entrar en contacto con el niño que una vez fue puede ayudarte a desarrollar la compasión por ti mismo.

Duelo. La mayoría de los supervivientes no han reconocido o llorado todas sus pérdidas. El duelo es una manera de honrar su dolor, dejar ir y avanzar más plenamente en su vida actual.

La ira. La ira es una fuerza poderosa y liberadora que proporciona la energía necesaria para superar la pena, el dolor y la desesperación. Dirigir tu ira directamente a tu abusador y a aquellos que no te protegieron es fundamental para la curación.

Revelar y decir la verdad. Hablar sobre el abuso y sus efectos con el abusador o con los miembros de la familia puede ser un estímulo y una transformación, pero no es adecuado para todos. Antes de dar este paso, es esencial que te prepares cuidadosamente y esperes hasta que tengas una base sólida de curación y apoyo.

¿Perdonar? El perdón al agresor no es una parte esencial del proceso de curación. El único perdón esencial es el de uno mismo.

Espiritualidad. Contar con el apoyo de una conexión espiritual puede ser una ventaja real en el proceso de curación. La espiritualidad es una experiencia personal única. Puedes encontrarla a través de la religión tradicional, la meditación, la naturaleza, trabajando en un programa de 12 pasos o en tu grupo de apoyo.

Resolución y continuación. A medida que pases por estas etapas una y otra vez, lograrás una integración cada vez mayor. Tus sentimientos y perspectivas empezarán a estabilizarse. Aunque no borrarás tu historia, ésta se convertirá realmente en historia, en algo que ocurrió en tu pasado.

Harás cambios profundos y duraderos en tu vida. Habiendo ganado conciencia, compasión y poder a través de la curación, tendrás la oportunidad de trabajar por un mundo mejor.

La decisión de curar

La decisión de curarse del abuso sexual infantil es una elección poderosa que afirma la vida. Es un compromiso que todo superviviente merece hacer. Aunque es posible que ya hayas experimentado cierta curación en tu vida -mediante el cariño de amigos cercanos, el cuidado de una pareja íntima o la satisfacción del trabajo que amas-, decidir sanar, hacer de tu propio crecimiento y recuperación una prioridad, pone en marcha una fuerza de curación que aportará a tu vida una riqueza y profundidad que nunca habías soñado.

El compromiso de sanar surge de las diferentes circunstancias de la vida de cada superviviente. Una joven es obligada por el tribunal a ir a terapia después de entregar a su padrastro por abusar de ella.

Una mujer de veinticinco años se casa y de repente descubre que no puede mantener la intimidad que sentía antes de su boda. Una madre empieza a sentirse loca cuando su hija alcanza la edad que tenía cuando su propia madre empezó a abusar de ella. Una mujer mayor decide curarse en el funeral de su maltratador.

. . .

La curación no siempre es una cuestión de elección. Una sola interacción puede ser el impulso para embarcarse en este viaje.

Una superviviente decidió curarse porque una amiga le dijo: "No confío en ti. Nunca siento que me digas la verdad. No puedo confiarte mis sentimientos porque no sé qué haces con ellos". La superviviente se sorprendió; primero, porque era cierto, y segundo, porque pensaba que había hecho un buen trabajo fingiendo. "Sentí que se había metido en mi cabeza y había visto lo que realmente había. Puso palabras a lo que había estado sintiendo toda mi vida. Así que fui a terapia".

Otra mujer decidió curarse cuando su hermana menor se suicidó. "Ella no lo consiguió. Tenía que entender lo que le había pasado y darme las herramientas para asegurarme de que no me pudiera pasar a mí".

Una joven superviviente dijo que se sintió motivada a curarse debido a una tarea de clase: Una superviviente que había sido monja carmelita describió su decisión de curarse como una necesidad de aclarar sus razones para vivir en el convento. "Me encantaba el convento, pero de alguna manera, desconfiaba de mi elección de estar allí.

Hasta que no resolviera el abuso sexual, sentí que nunca sabría si realmente estaba eligiendo esta vida por salud, y por todas las cosas buenas que debería elegir la vida religiosa.

Quería creer que, eligiera lo que eligiera, lo hacía por todas las razones correctas".

Muchos supervivientes se han visto motivados a curarse por el valor de otros supervivientes. Cada vez que una superviviente revela su historia a una amiga, se levanta frente a un grupo para contar su historia, escribe un libro o presenta una demanda contra los abusadores (o las instituciones que permiten que se produzcan los abusos), inspira a otras supervivientes a romper el silencio. Muchas mujeres han decidido curarse tras leer un artículo en el periódico, ver un programa de televisión o escuchar a otra superviviente contar la verdad sobre su vida.

TODO EL MUNDO MERECE CURARSE

Todo el mundo merece curarse, y la curación es posible para todos. Sin embargo, muchos supervivientes creen que son la excepción. Puede que creas sinceramente que los demás pueden sanar, pero que no creas que sea posible para ti. O puede pensar que no se lo merece.

Hay muchas razones para ello. Puede que todavía te culpes por el abuso. Puede que te hayas sentido desanimado durante tanto tiempo que no te atrevas a esperar nada bueno en la vida. O crees que no puedes permitirte dedicarte tiempo a ti mismo que pueda interferir con la familia u otras responsabilidades.

Hay circunstancias adicionales que a veces dificultan el nombramiento de los abusos y el inicio de la curación. La edad, la raza y el origen religioso influyen en la decisión de sanar. La falta de dinero, las discapacidades físicas, emocionales y mentales, y el aislamiento geográfico pueden suponer retos desalentadores. Pero todo el mundo merece curarse.

NO ES FÁCIL

La elección de trabajar en cuestiones relacionadas con el abuso puede plantear preguntas que nunca planeaste hacer y dar respuestas que no esperabas. Una vez que te comprometes a sanar, tu vida nunca será la misma.

Puede que te preguntes si merece la pena correr el riesgo. Pero como dijo simplemente un superviviente: "Correr ese riesgo fue la opción más prometedora que tuve".

A menudo, la decisión de curarse causa estragos en las amistades, los matrimonios y las relaciones familiares. Puede ser difícil funcionar, ir al trabajo, estudiar, pensar, sonreír. Incluso puede ser difícil dormir, comer o simplemente dejar de llorar.

. . .

A veces, las primeras etapas de la curación están tan llenas de crisis que a las mujeres les cuesta aceptar el hecho de haber tomado una decisión. Cuando Laura recordó sus abusos e hizo su primera llamada a un terapeuta, tomó la decisión de curarse. Pero no lo sintió así:

Durante mucho tiempo, me sentí víctima del proceso. ¿Era algo que yo había elegido? De ninguna manera. Recordar el incesto era algo que me había sucedido.

Los recuerdos eran como uno de esos impermeables de plástico que vienen en un paquete de dos pulgadas. Una vez que los abría, no podía volver a doblarlos limpiamente dentro.

Hay ciertas decisiones importantes que tomamos sin saber realmente a dónde nos llevarán. La curación de un abuso sexual es uno de esos casos en los que tenemos que soltar la orilla.

Decidir sanar significa abrirse no sólo al dolor pasado, sino también a la esperanza. Para muchos supervivientes, la esperanza solo ha traído decepción.

Aunque es aterrador decirse a uno mismo que sí, también es un tremendo alivio cuando finalmente te detienes y te enfrentas a tus propios demonios. Hay algo en enfrentarse a lo que más temes que resulta extrañamente aliviador. Te reconforta saber que ya no tienes que fingir, que vas a hacer todo lo que esté en tu mano para curarte. Como dijo un superviviente: "Ahora sé que cada vez que acepto mi pasado y respeto donde estoy en el presente, me estoy dando un futuro".

La etapa de emergencia

"Recordar la violación desencadenó el peor periodo de todo el proceso de curación. Sentía que iba a morir. No podía respirar sin pensar en el incesto. De hecho, me costaba respirar la mayor parte del tiempo. Tuve algunos días en los que me sentaba en el suelo de la cocina, meciéndome y abrazándome a mí misma. Era como si mi cuerpo estuviera habitado por lo que había sucedido en mi infancia, como si no hubiera una célula en mi cuerpo que no estuviera involucrada en ello.

Los recuerdos parecían invadirme, de la misma manera que mi tío había invadido mi cuerpo".

Muchas mujeres pasan por un período en el que el abuso sexual es literalmente todo lo que pueden pensar. Puede que te encuentres hablando de ello obsesivamente con cualquiera que te escuche, que tengas flashbacks incontrolables, que llores todo el día o que no puedas ir a trabajar. Su vida puede estar llena de crisis abrumadoras. Puede soñar con su agresor o tener miedo a dormir.

Las mujeres suelen describir las primeras etapas de su curación como una variedad de desastres naturales: "Fue como ser levantada por un tornado". "Fue como estar atrapada en una avalancha". "Fue un volcán en erupción".

La etapa de emergencia no es algo que se elija, pero hay que atravesarla hasta el otro lado. No se puede ignorar ni apartar con la fuerza de voluntad. Como comentó acertadamente un superviviente: "Es como aprender una nueva palabra. En pocos días, empiezas a verla en todo lo que lees, y nunca la habías visto en tu vida".

SOBREVIVIR A LA ETAPA DE EMERGENCIA

Si el comienzo de tu curación se siente turbulento y abrumador, lo importante es recordar que la etapa de emergencia es una parte natural del proceso de curación, y que mejorará. La naturaleza de la crisis es que te consume; mientras estás en ella, puede ser todo lo que puedes ver.

Pero habrá un momento en el que no pensarás, comerás y soñarás con el abuso sexual las veinticuatro horas del día:

A veces, cuando miras tu curación y la mierda que has pasado, es tan grande. El dolor puede ser enorme. Tienes que poner un pie delante del otro. No mires lo grande que es. Sólo pon un pie delante del otro. Y entonces, cuando mires hacia arriba, estarás en otro lugar.

Si se encuentra en la fase de emergencia, ese momento no llegará demasiado pronto.

ALIGERAR LA INTENSIDAD DE LA ETAPA DE EMERGENCIA

Aunque entrar en el proceso de curación del abuso sexual infantil significa enfrentarse a realidades dolorosas, hay formas de aliviar el impacto de este momento difícil. Es útil y sabio hacer todo lo posible para cuidarse.

El trabajo de curación no debe ser retraumatizante. Si la intensidad de sus sentimientos le resulta insoportable, intente llevar el ritmo del proceso. Ir a toda velocidad no siempre es la forma más eficaz de proceder.

Aunque esto no siempre está bajo tu control, a veces puedes dejar de profundizar en tu pasado y centrarte en el autocuidado para construir una base más sólida.

Una de las formas de practicar el amor propio es ser lo más amable posible con nosotros mismos mientras nos curamos, escuchar nuestras necesidades y aprender a cuidarnos incluso en los momentos más difíciles.

ESTRATEGIAS DE AUTOCUIDADO PARA LA ETAPA DE EMERGENCIA

Cuando las cosas son particularmente difíciles, aquí hay algunas cosas que pueden ayudar:

- Sepa que no se está volviendo loco. Lo que estás pasando es una parte reconocida del proceso de curación.
- Busca personas con las que puedas hablar. No intentes soportarlo solo.
- Busca el apoyo de otros supervivientes. Es poco probable que alguien que no sea otro superviviente pueda escuchar tanto como tú necesitarás hablar.
- Busque apoyo profesional cualificado.
- Crea un lugar seguro en tu casa. Necesitas al menos un lugar donde te sientas seguro.
- Acepta dónde estás ahora mismo. No empeores las cosas criticándote por no estar más avanzado en el viaje.
- Siéntese bien y capee el temporal. Tu capacidad de decisión es limitada en este momento. La etapa de emergencia no suele ser un buen momento para hacer cambios importantes en la vida.
- Salga de las situaciones de abuso. Si actualmente estás en una relación abusiva, toma medidas para salir de ella
- Deja lo que no es esencial en tu vida. Libera la presión de cualquier manera que puedas. No es el momento de asumir retos difíciles, trabajo extra o más responsabilidades. Pero si hay actividades placenteras que disfrutas y que te nutren, mantenlas.
- Vigila tu consumo de drogas y alcohol.

Adormecer repetidamente tus sentimientos solo prolongará la crisis.
- Busca ayuda económica y material si la necesitas. Puede que haya ayudas gubernamentales a las que puedas optar, asesoramiento ofrecido a través de grupos comunitarios o simplemente ayuda de tus amigos (comidas, una habitación libre, un coche viejo o una bicicleta que no se esté utilizando). No te avergüences si necesitas una ayuda extra en este momento.
- No te hagas daño ni intentes suicidarte. Te mereces vivir. Si empiezas a sentirte suicida o autodestructivo, acude a ti.
- Recuérdate que eres valiente. Este es un período desafiante, aterrador y difícil. No tienes que hacer nada más que vivirlo. Recuerda que debes respirar. Mantente tan conectado a tu cuerpo como puedas.
- La espiritualidad puede darte inspiración y fuerza. Mantente conectado a las creencias espirituales que te reconfortan.
- Consulta con un médico sobre la medicación, si es necesario. Si estás haciendo todo lo que puedes para ayudarte a ti mismo y sigues muy ansioso, deprimido o sin poder dormir, habla con un profesional sobre la conveniencia de la medicación para ayudarte a superar esta crisis. Esto también pasará. Tu experiencia mañana o la próxima semana o el próximo año no será la misma que la de ahora.

LA CURACIÓN DE LAS CRISIS A LO LARGO DEL TIEMPO

Aunque no experimentará la misma intensidad constante una vez que la etapa de emergencia haya terminado, puede encontrar otros períodos de crisis en el curso de su curación. Aunque estos momentos pueden ser muy dolorosos, nos gusta llamarlos crisis de curación porque ofrecen una oportunidad de crecimiento profundo.

Algunas mujeres han experimentado tantos traumas que pasan por una prolongada etapa de emergencia con sólo breves descansos en la intensidad. Aunque hacen todo lo posible para curarse, siguen sintiéndose suicidas, autodestructivas u obsesionadas con el abuso la mayor parte del tiempo. Si este es tu caso, es importante que te asegures de tener el apoyo adecuado, incluyendo un consejero capaz. Y recuerda que incluso los peores momentos no durarán para siempre.

Recordando

La experiencia de recordar los abusos varía mucho de una superviviente a otra. Muchas mujeres siempre han recordado sus abusos. Es posible que hayan minimizado su importancia, negado su impacto en sus vidas o que hayan sido insensibles a sus sentimientos, pero nunca han olvidado los hechos en sí.

. . .

Una mujer explicó: "Podía enumerar los hechos de mis abusos como una lista de la compra, pero recordar el miedo, el terror y el dolor era algo totalmente distinto".

Algunas mujeres han bloqueado segmentos enteros de su infancia. Por ejemplo, puede que no recuerden nada en absoluto -o sólo los más mínimos fragmentos- antes de los siete años. Otras supervivientes tienen una memoria selectiva o parcial.

Los supervivientes a veces recuerdan los abusos físicos o emocionales, pero no los sexuales. O pueden recordar el contexto en el que se produjeron los abusos, pero no los hechos físicos concretos. Otros recuerdan parte de lo que ocurrió -como estar sentados en un dormitorio llorando, con la cómoda empujada contra la puerta- pero no recuerdan qué ocurrió para que lloraran o por qué se atrincheraron. También hay supervivientes que no recuerdan nada de los abusos hasta que los recuerdos se agolpan:

Recordar es una experiencia única para cada superviviente. Aunque algunos supervivientes recuerdan casi todo el abuso que sufrieron y otros no recuerdan casi nada, la mayoría se encuentra en un punto intermedio. Tanto si recuerdas tu abuso vívidamente como si apenas empiezas a intuir que puede haberte ocurrido algo horrible, estás inmerso en un proceso de exploración y descubrimiento que, en última instancia, te ayudará a conocer y comprender mejor tu historia."

CÓMO ES EL RECUERDO

Recordar es diferente para cada superviviente. Es posible que tenga numerosos recuerdos. O puede tener sólo uno. Puede tener imágenes nuevas cada día durante semanas. O puede experimentar sus recuerdos en grupos: varios en cuestión de días, y luego ninguno durante meses. A veces, los supervivientes recuerdan a un abusador o un tipo específico de abuso, sólo para recordar, años después, a otro abusador o una forma diferente de abuso.

Recordar el abuso sexual o cualquier acontecimiento traumático no es como recordar experiencias ordinarias, no amenazantes. Cuando los recuerdos traumáticos regresan, a veces parecen lejanos, como algo que se observa desde lejos.

Una mujer dijo que sus recuerdos se sentían como un cuadro que se iba llenando poco a poco. Otras veces, los recuerdos llegan por partes.

Si los recuerdos llegan a usted en fragmentos, puede resultarle difícil colocarlos en orden cronológico. Es posible que no sepas exactamente cuándo empezó el abuso, qué edad tenías o cuándo se detuvo. El proceso de entender los fragmentos puede ser como armar un rompecabezas o ser un detective.

Aunque todo lo que recuerde no sea una representación literal de lo ocurrido, siempre hay una verdad emocional esencial en la memoria que puede ayudarnos a entender nuestra experiencia.

FLASHBACKS

Los recuerdos que se separaron en el momento del abuso a veces irrumpen más tarde en imágenes, fragmentos o sentimientos intrusivos y abrumadores. Aunque no seamos capaces de entender o contar la historia de nuestro abuso, podemos ser bombardeados por sentimientos, sensaciones corporales e imágenes visuales de escenas aterradoras.

Estos recuerdos intrusivos, o flashbacks, pueden ser tan vívidos que se siente como si la experiencia original estuviera ocurriendo de nuevo ahora, en lugar de ser simplemente recordada. Los flashbacks pueden ir acompañados de los sentimientos que se experimentaron en ese momento, o pueden ser crudos y distantes, como ver una película sobre la vida de otra persona. Con frecuencia, los flashbacks son visuales: "Vi un pene que se acercaba a mí" o "No pude ver la cara de mi madre, sólo el camisón amarillo que siempre llevaba". Estos recuerdos pueden ser muy dramáticos.

Los flashbacks pueden implicar cualquiera de los sentidos. Lo que has oído, visto, olido, saboreado, sentido o pensado puede volver con tal inmediatez que te sientes como si estuvieras reviviendo la experiencia original.

DEJAR ENTRAR LOS RECUERDOS

Pocos supervivientes sienten que tienen control sobre sus recuerdos. La mayoría siente que los recuerdos los controlan a ellos, que ellos no eligen el momento y el lugar en que surgirá un nuevo recuerdo. Es posible que puedas luchar contra ellos durante un tiempo, pero el precio -pesadillas, dolores de cabeza, agotamiento- no vale la pena para evitar lo inevitable.

No todo el mundo puede saber cuándo se acerca un recuerdo, pero muchos supervivientes reciben avisos, una determinada sensación física o un sentimiento que les da pistas. Es posible que el estómago se le ponga tenso. Puede que duermas mal o que tengas sueños aterradores.

SI CREES QUE UN RECUERDO ESTÁ EN CAMINO

- Busca un lugar donde estés seguro. Si estás en el trabajo, intenta llegar a casa. Ve al lugar seguro de tu casa, o ve a casa de un amigo cercano.

- No luches contra ello. Lo mejor es relajarse y dejar que el recuerdo llegue. No utilices drogas, alcohol, comida u otras distracciones para empujarlo hacia abajo.
- Recuerda que es sólo un recuerdo. Lo que estás experimentando es un recuerdo de un abuso que ocurrió hace mucho tiempo. Tu agresor no te

está haciendo realmente daño en el presente, aunque lo sientas así. El recuerdo es parte de tu curación, no una extensión del abuso.
- Consuélate. El regreso de los recuerdos es una experiencia estresante que puede hacerte sentir vulnerable. Cuida de ti mismo con ternura.
- Espere tener una reacción. Recuperar recuerdos puede ser una experiencia dolorosa y agotadora. Puede que te lleve un tiempo recuperarte. Es mejor darse ese tiempo y no esperar recuperarse de inmediato.
- Habla con alguien. Incluso si prefieres estar solo cuando descubres un nuevo recuerdo, a la mayoría de las personas les resulta útil contárselo a alguien después. Para otros, sin embargo, lo mejor es quedarse con su propia experiencia y esperar hasta que estén preparados para compartirla.

LA VERDAD ESENCIAL DE LA MEMORIA

Los recuerdos de los abusos sexuales a menores pueden ser muy precisos. En situaciones en las que los abusadores están dispuestos a relatar su versión de los hechos, la historia del abusador suele coincidir con el recuerdo del superviviente.

Además, cuando los hermanos u otros miembros de la familia comparten lo que presenciaron, suele haber una correlación sorprendente. Cuando el agresor es ajeno a la familia, otras víctimas del mismo agresor suelen informar de abusos similares.

Sin embargo, también sabemos que la memoria no es cien por cien exacta. Esto es cierto tanto para la memoria ordinaria como para la traumática. Los recuerdos no son registros totalmente objetivos de lo que ocurrió y es probable que reflejen cierto grado de distorsión. Es inevitable que los supervivientes recuerden los detalles de sus abusos con cierto grado de inexactitud. Las secuencias temporales pueden estar mezcladas, los incidentes múltiples pueden ser condensados en un solo incidente, pueden faltar partes enteras de los incidentes y los eventos anteriores y posteriores pueden estar borrosos.

A veces, la forma en que se experimentó el abuso conduce a distorsiones. Un ejemplo común es la descripción del tamaño.

Una niña pequeña puede recordar que el abusador era enorme o que los genitales del abusador llenaban todo su campo de visión.

Una superviviente que fue abusada por un profesor recordaba que la escuela era enorme, con techos altísimos y pasillos amplios. Cuando volvió de adulta, se sorprendió de lo pequeño que era en realidad.

· · ·

Otra superviviente pensó en un principio que la habían penetrado con una piruleta. Cuando volvió con sus padres y les contó lo que recordaba, le recordaron que su pediatra había abusado sexualmente de ella durante las consultas rutinarias.

Al final de cada visita, le había dado una piruleta. Aunque esta mujer había hablado de los abusos cuando era niña, y aunque sus padres habían respondido adecuadamente, había olvidado por completo los abusos. No fue hasta que fue adulta, en terapia, tratando de dar sentido a las imágenes de piruletas y destellos de dolor vaginal, que empezó a recordar.

A veces, la distorsión de los recuerdos de los supervivientes funciona como un escudo contra un recuerdo más perturbador. Una superviviente pensaba que su niñera había abusado de ella. Más tarde descubrió que en realidad era su madre.

Otra superviviente describió cómo su padre forzaba el sexo oral a su hermana adolescente. Recordaba que después de que él terminaba con su hermana, venía y le daba un beso de buenas noches y que "su beso dolía". Pero se sentía segura de que en realidad no abusaba de ella. Con el tiempo, sin embargo, recuperó el recuerdo más completo de que lo que le dolía no era su beso sino su violación de ella a través del sexo oral.

Aunque puede haber imprecisiones en su memoria, puede seguir trabajando con lo que recuerda como indicación de lo que sintió. Por ejemplo, una superviviente contó que recordaba a su agresor metiéndole un cuchillo en la vagina. Pero continuó explicando que no creía que eso fuera lo que realmente ocurrió. No había sangre, ni cicatrices, y no recordaba haber visto un cuchillo. Supuso que le había penetrado la vagina -quizás con un dedo o con el pene- y que la sensación era tan dolorosa, tan cortante, que ella, en su mente infantil, no tenía otro concepto que el de cuchillo.

La forma en que estas mujeres trabajaron con sus recuerdos es un buen modelo. Está bien que cambies tu comprensión de la infancia a medida que incorporas nueva información y aprendes más. Descubrir, comprender e integrar tu pasado es una parte continua del proceso de curación.

PERO NO TENGO NINGÚN RECUERDO

A veces, cuando las mujeres dicen que sienten que fueron víctimas de abusos sexuales, pero no tienen recuerdos, quieren decir que no pueden contar una narración coherente sobre el abuso. Sin embargo, cuando estas mujeres empiezan a hablar con detalle de su infancia, suelen relatar sucesos que son sexualmente encubiertos o incluso descaradamente abusivos.

Puede que no recuerde incidentes concretos como el que describe esta superviviente, pero puede descubrir que sabe más de lo que cree sobre el entorno en el que creció. Los incidentes específicos de abuso sexual no suelen ocurrir como hechos aislados en una familia por lo demás sana.

Es posible que recuerdes claramente momentos en los que te sentiste utilizado, humillado, menoscabado.

A medida que explores lo que sabes de tu infancia, a veces recordarás más. Otras mujeres nunca recuerdan mucho de lo que les ocurrió.

Es posible que haya lagunas e incógnitas que se aclaren a medida que avanza tu curación, pero también es posible que haya aspectos de tu experiencia que nunca recuerdes del todo. Afortunadamente, es posible curarse de los efectos de los abusos en la infancia incluso si tus recuerdos son incompletos.

EJERCICIO DE ARTE: CREAR UN PLANO DE PLANTA

Este ejercicio es una forma poderosa de evocar recuerdos de la infancia. Aunque se trata de un ejercicio de dibujo, no es necesario ser un artista o saber dibujar bien para realizarlo.

Con un trozo grande de papel de periódico u otro papel de dibujo, un lápiz y unos rotuladores finos de colores, dibuja un plano detallado de una casa en la que hayas vivido de niño. Si te has mudado mucho, elige un lugar en el que hayas vivido que te parezca especialmente significativo. No te preocupes por la perspectiva, la precisión o la escala. Si una habitación era más importante, puedes hacerla más grande, o si era menos importante, más pequeña. Lo que importa es tu propio recuerdo de la infancia. Siéntete libre de incluir muebles u otros objetos significativos.

Anota dónde dormían, comían, jugaban o se peleaban las personas, así como los acontecimientos significativos que ocurrieron en cada habitación. Completa todos los detalles que puedas recordar.

Su plano puede incluir tanto el interior como el exterior de la casa. Si pasas la mayor parte del tiempo en el exterior, es posible que tu imagen se centre principalmente allí.

Mientras dibujas el plano, imagina las imágenes, los olores, los sonidos, las voces y los acontecimientos que asocias con cada habitación o zona. Deja que los recuerdos y las sensaciones te recorran. Permítase recordar incidentes que hayan ocurrido en cada habitación.

Fíjate si hay alguna habitación que no puedas reconstruir o algún lugar especial al que hayas ido para estar solo. Dedica hasta una hora o más a tu dibujo. Cuando hayas terminado, puedes compartir tu plano con alguien de confianza.

No dudes en repetir este ejercicio para otros lugares en los que hayas vivido. Este ejercicio puede ser especialmente potente si se hace en grupo y se comparte.

6

Romper el silencio

Todo el mundo tiene derecho a contar la verdad sobre su vida. Aunque a la mayoría de los supervivientes se les ha enseñado a mantener el abuso en secreto, este silencio no les beneficia. El abuso sexual de niños y la vergüenza resultante prosperan en una atmósfera de silencio. Como explicó una superviviente: "El incesto no es un tabú. Hablar de él es un tabú".

Hablar es un paso poderoso hacia la liberación personal, la curación y el cambio social. Sin embargo, es algo que a muchos supervivientes les resulta difícil.

CÓMO SE SILENCIA A LOS SUPERVIVIENTES

La primera vez que intentaste hablar de tus abusos, puede que aún fueras un niño. En circunstancias ideales, te habrían creído, protegido y asegurado que el abuso no era tu culpa. Te habrían dado un asesoramiento adecuado a tu edad o te habrían colocado en un grupo de apoyo con otros niños.

Si el maltratador fuera un miembro de la familia, habría sido él o ella quien se hubiera llevado de casa, no tú.

Una joven superviviente describe el apoyo compasivo y eficaz que recibió cuando contó a su madre que había sufrido abusos:

Yo era una jugadora estrella en el equipo de baloncesto y realmente quería a mi entrenador. Todas las chicas lo querían.

Era un gran entrenador. El abuso comenzó cuando me llevaba a casa de los partidos nocturnos. Durante varios meses no pude decírselo a nadie. Dejé de comer y mis notas se fueron al infierno. Quería decírselo a mis padres, pero sabía lo enfadados que estarían. Temía que fueran a por él y que eso arruinara su vida y que todas las chicas del equipo me odiaran.

Una noche, mi madre y yo nos peleamos por un conjunto que quería llevar y se lo solté. Lo primero que hizo fue consolarme. Fue un gran alivio sacar por fin el secreto.

Acudimos a la policía y, al final, fue lo correcto. Descubrimos que había estado haciendo esto a muchas chicas, durante años, y algunas de nosotras lo llevamos a los tribunales. No fue fácil, pero me sentí orgullosa de haber ayudado a proteger a otras chicas.

Esta joven recibió una ayuda rápida, competente y comprensiva, por lo que su trauma original no se vio agravado por nuevos malos tratos.

Desgraciadamente, muchos supervivientes no se benefician de una reacción tan positiva. En cambio, se les culpa, se les ignora, se les ataca o se les llama mentirosos.

Las reacciones defensivas son más probables si la seguridad o el estatus de la familia se ven amenazados por la revelación. Es más probable que los padres se muestren comprensivos cuando el abusador es un extraño, un profesor, un entrenador o un ministro, en lugar de un pariente.

Cuando se implica a un hermano, un padre, una tía o una abuela, las familias suelen cerrar filas y negar el abuso, dejando al superviviente fuera del círculo familiar.

Las respuestas defensivas pueden ser extremadamente hostiles. Puede que te acusen de "habértelo buscado" o que te llamen "putita". Si tu hermano fue enviado a un centro de tratamiento, si tus padres se divorciaron o si tu padre fue enviado a la cárcel, puede que te hayan culpado de romper el matrimonio, de separar a tu familia o de arruinar un "hogar feliz."

Muchos niños no lo cuentan nunca. Son silenciados mientras el abuso continúa. Los abusadores dicen cosas como: "Mataría a tu madre si lo supiera" o "Te mataré si lo cuentas". Aunque el maltratador no te amenace abiertamente, ser dominado es una amenaza implícita de que tu propia existencia está en peligro.

A veces, contarlo conduce a más abusos. Una niña se lo contó a su mejor amiga.
Esa niña se lo contó a su padre, que le pidió los detalles. Entonces llevó a las dos niñas al garaje y les hizo todo lo que acababa de oír.

Si su caso fue llevado a los tribunales, es posible que haya sido sometido a procedimientos de declaración brutales, asado por abogados defensores insensibles, o que se le haya obligado repetidamente a enfrentarse a su agresor. Aunque a lo largo de los años se ha avanzado en la satisfacción de las necesidades especiales de los niños testigos, el proceso judicial puede seguir siendo una experiencia difícil, y a veces traumática, para los niños."

. . .

Los niños que no son abofeteados con una respuesta activamente cruel suelen recibir un silencio devastador o se les dice que no vuelvan a hablar de ello. Las familias suelen seguir como si no hubiera pasado nada. A veces los padres evitan hablar del abuso porque creen que es lo mejor para el niño. No creen que deban recordar a la niña su dolorosa experiencia y quieren ayudarla a seguir adelante. A veces no saben cómo sacar el tema o qué decir. Pero no hablar nunca de los abusos puede transmitir a los niños el mensaje de que su experiencia es demasiado horrible para las palabras y, por consiguiente, que ellos son demasiado horribles.

De estas y otras muchas maneras, los niños aprenden que no hay nadie en quien puedan confiar, que compartir no conduce a la ayuda sino al daño o al abandono, y que no es seguro decir la verdad. En otras palabras, aprenden la vergüenza, el secreto y el silencio.

CONTAR: HAY QUE DAR UN SALTO DE FE

Contar es transformador. Cuando haces saber a alguien lo que has vivido y esa persona te escucha con respeto y auténtico cariño, comienzas un proceso de cambio esencial para la curación.

Otros supervivientes comparten primero su historia en un grupo de apoyo. Cuando cuentas tu historia a un grupo de otros supervivientes, ya no te sientes tan diferente o solo.

Sabes que te comprenden porque has escuchado las historias de otros supervivientes y los entiendes. Aprendes que eres importante, que vales y que se te puede querer porque sientes la compasión de las otras mujeres cuando te escuchan y responden. Y experimentas la liberación porque hay alivio en el relato.

Después de contarlo en un grupo, puedes sentir que ser un superviviente, con todas sus dificultades, no es del todo malo.

La fuerza, la resistencia y el valor de las supervivientes son cualidades poderosas y admirables. Como dijo una mujer: "Somos un hermoso y valiente grupo de mujeres, y estoy orgullosa de ser una de ellas".

ROMPIENDO EL SILENCIO: ABUSO POR MUJERES

Aunque la mayoría de los abusos sexuales son cometidos por hombres heterosexuales, las mujeres también abusan de los niños.

Tanto las niñas como los niños han sufrido abusos por parte de sus madres, tías, abuelas o hermanas, así como por parte de profesores, monjas, entrenadores, niñas mayores o niñeras. Al igual que el abuso por parte de los hombres, el abuso de las mujeres puede ser abiertamente sexual o violento y también puede ser sutil y encubierto. Con frecuencia, el abuso por parte de las madres comienza cuando el niño es muy pequeño, a veces enmascarado en los mimos o el cuidado diario. En algunas familias, el padre también abusa sexualmente, ya sea por separado o junto con la madre, creando un doble peligro devastador para el niño.

A pesar de esta realidad, el hecho de que las mujeres abusen sexualmente sigue siendo minimizado, desestimado y negado.

Se supone que las mujeres (y especialmente las madres) son las que cuidan; deberían ser las protectoras, no las abusadoras. Por eso, cuando las supervivientes de incesto madre-hija (o de otros abusos cometidos por mujeres) cuentan sus historias, a menudo se enfrentan a la conmoción y la incredulidad. Puede ser difícil para ellas obtener la validación y el apoyo que merecen.

Esta falta de voluntad para reconocer a las mujeres como delincuentes ha empezado a desaparecer poco a poco, pero muchas mujeres siguen viéndose descontadas cuando comparten su historia:

Pero la gente necesita oírlo. Necesitan oír: "Soy una superviviente de incesto, y fue mi madre". Las mujeres abusan, y si no se saca a la luz, la curación no puede ocurrir.

. . .

Aunque el maltrato por parte de los hombres es mucho más frecuente, es esencial no descartar el dolor y la traición que experimentan los supervivientes maltratados por mujeres. El género del maltratador no debería aumentar el aislamiento de nadie ni la carga que lleva.

EL IMPACTO DEL INCESTO MADRE-HIJA

La mayoría de los temas que se exploran en este libro se aplican por igual a todas las supervivientes, pero hay algunos problemas adicionales a los que se enfrentan las mujeres maltratadas por sus madres.

El sentimiento de inutilidad puede ser mayor para las supervivientes de incesto madre-hija. Como seres humanos, dependemos biológica y emocionalmente del cuidado de nuestras madres.

Cuando las madres son abusivas, las supervivientes suelen sentirse responsables y son especialmente duras consigo mismas.

Dado que los niños pequeños suelen tener un vínculo más estrecho con sus madres, el abuso por parte de éstas puede dejar a los niños con una falta de confianza generalizada en las relaciones íntimas. Cuando una madre abusa de su hijo, los límites normales y sanos se violan tan gravemente que puede ser imposible para la superviviente distinguir entre sus propias necesidades y deseos y los de su madre.

Además, cuando una niña es maltratada por su madre, su modelo de mujer es alguien a quien no quiere emular. Como adolescente, puede tener dificultades para madurar, viendo cómo su cuerpo crece hasta parecerse al de su maltratador.

LOS NIVELES DE RELATO

Hay muchos niveles de contar, desde la primera vez que te atreves a abordar el tema hasta cuando lo has contado tantas veces y de tantas maneras que puedes hablar de ello con naturalidad, como una parte más de tu vida. Cada vez que lo cuentas es una experiencia diferente. Contárselo a tu terapeuta o a tu grupo de apoyo, contárselo a tu pareja o a un nuevo amante, contárselo a un amigo, contárselo en público, contárselo por escrito, todo será diferente.

ELEGIR A ALGUIEN PARA CONTARLO

Si asistes a una terapia o a un grupo de apoyo en el que te sientas segura, ese es un lugar excelente para empezar a hablar de tus abusos. Contarlo por primera vez puede dar miedo, y ayuda estar en un contexto en el que sabes que alguien te escuchará con compasión.

. . .

También es importante decírselo a tu pareja, amante o amigos cercanos. Tienes que hacer saber a las personas que te rodean por qué a veces estás triste, enfadado, molesto, preocupado o quieres estar solo. Tus amigos deben entender por qué no confías fácilmente en ellos. Tu amante debe saber por qué te cuesta mantener relaciones sexuales, por qué te aferras o te retraes.

Hay mucho trabajo para construir relaciones sanas, y necesitas a las personas de tu vida como aliados, aunque no es necesario -ni siquiera apropiado- decírselo a todas las personas que conoces, es importante que lo compartas con las personas a las que quieres estar cerca.

Para algunas mujeres, contarlo va más allá. Consideran que romper el silencio es una opción política, una necesidad. Dorianna Lauss, que ha dirigido talleres sobre abusos sexuales para adolescentes y ha leído y publicado ampliamente su poesía sobre el incesto, explica:

Muchas mujeres siguen sintiendo que tienen que ocultar el hecho de que fueron abusadas. Puedo verlo en sus cuerpos, que están realmente asustadas de que alguien pueda descubrirlo. Bueno, eso no me gusta. No tengo que tener miedo de que alguien lo descubra.

Siempre uso mi nombre y mi apellido cuando hablo de incesto.

. . .

Es una declaración política para mí. No tengo nada de lo que avergonzarme. No tengo que ser anónimo. Aunque podría afectar mi vida de alguna manera, no debería. Debería afectar a su vida.

Y toda la idea del secreto se perpetúa cuando mantengo mi nombre fuera de él. El incesto no necesita ser ocultado. Necesita exactamente lo contrario. La gente tiene que salir y decir: "Me llamo así, me ha pasado esto y estoy enfadada por ello".

Además, soy una persona bastante equilibrada y soy un buen modelo para los jóvenes con los que trabajo. Así que hablar y decir quién soy es muy importante para mí.

CÓMO DECÍRSELO A ALGUIEN

Hablar de tus abusos con un consejero experto o con un grupo de supervivientes no necesita ninguna planificación. Deberían ser capaces de escucharte como sea que te salgan las palabras.

Pero si es la primera vez que se lo cuentas a tus amigos o a tu familia, es mejor que las circunstancias sean lo más favorables posible. (Esto se aplica sólo a los miembros de la familia que esperas que te apoyen).

. . .

Puedes maximizar la probabilidad de una respuesta positiva si eliges bien. Cuando te plantees hablar con alguien, hazte las siguientes preguntas:

- ¿Esta persona se preocupa por mí y me respeta?
- ¿Esta persona tiene en cuenta mi bienestar? ¿Es alguien con quien he podido compartir mis sentimientos antes?
- ¿Confío en esta persona?
- ¿Suelo sentirme seguro con esta persona?
- ¿Se siente esta persona razonablemente cómoda hablando de temas personales?

Si puedes responder afirmativamente a todas estas preguntas, estarás eligiendo a alguien que probablemente te apoye.

Dile a tu amigo (amante, pareja, primo) que hay algo personal y vulnerable que quieres compartir y pregúntale si es un buen momento para hablar. Sugiere que, si no lo es, podríais hacerlo en otro momento. Al preguntar, te aseguras de que tu amigo tenga tiempo para prestar atención.

También le das a esa persona la oportunidad de posponer la charla o de prepararse para escuchar.

Si hay ciertas respuestas que quieres o no quieres, dilo. Puede que quieras que tu primo te escuche pero que no te dé muchos consejos. Puede que quieras que te haga preguntas o que te escuche en silencio. Puede que quieras que te abracen o que no quieras que te toquen en absoluto. A menudo la gente quiere apoyarte, pero no sabe cómo (o cómo pedirlo). Un buen amigo agradecerá tu orientación. Si quieres que lo que digas sea confidencial, dilo. Aunque es importante romper el silencio, hazlo a tu ritmo, con las personas que elijas.

CUANDO LOS NIÑOS MOLESTAN

A veces, los niños que sufren abusos sexuales abusan de otros niños. Cuando los niños imitan y repiten lo que se les ha hecho, esto se llama comportamiento reactivo al abuso. A veces estas víctimas son demasiado jóvenes para entender que lo que hacen está mal y puede perjudicar al otro niño.

La mayoría de los niños que actúan sexualmente con niños sienten una enorme culpa y vergüenza. Cuando crecen y son capaces de comprender que han victimizado a otro niño, pueden sentirse llenos de remordimientos.

También pueden tener miedo de convertirse ellos mismos en delincuentes sexuales. Y como adultos, a menudo sufren con la carga de su vergonzoso secreto mucho después de haber revelado y trabajado para sanar su propio abuso sexual.

Reconocer que has actuado sexualmente con otros niños puede ser difícil y doloroso, pero es esencial para tu curación. Aunque abusar de otro niño es un acto grave y perjudicial, tú eras un niño que actuaba las consecuencias de tu propio abuso o sobreestimulación sexual.

No es razonable esperar que los niños sean capaces de entender el impacto de sus acciones. Si hay formas de rendir cuentas ahora, es importante que hagas lo que puedas. Más allá de eso, tu trabajo es comprender que tu comportamiento también fue resultado del abuso que sufriste, desarrollar compasión por el niño que fuiste y trabajar para perdonarte a ti mismo.

ENCONTRAR ALIADOS

Escuchar la verdad de la vida de alguien es un privilegio y un honor. Cuando le cuentas a alguien tu historia, debería recibirla como tal. Pero como no siempre es así, hay que estar preparado para posibles respuestas negativas.

Algunas personas pueden sentirse amenazadas. Otras pueden quedarse en blanco o quedar impactadas. Si alguna de las personas a las que se lo cuentes ha sufrido abusos, todas sus defensas pueden sonar alarmadas. Algunos pueden horrorizarse o no creerte inicialmente.

Algunos pueden ser increíblemente groseros o insensibles. Una mujer esperó a tener tres hijos para contarle a su marido lo del incesto. Su respuesta fue: "¿Quieres decir que no fui la primera?"

. . .

Otras personas se han excitado con las historias de los supervivientes y han pedido "detalles". En una sociedad en la que se ha erotizado el abuso sexual de los niños, esto no es sorprendente.

Aunque en ocasiones te encuentres con una respuesta hostil, insensible o insultante, sigue siendo importante contarlo.

Cuando empiezas a compartir quién eres realmente y cómo te sientes de verdad, las relaciones se van eliminando. Puede que descubras que algunas relaciones no pueden soportar este reto, y te lamentarás por ellas, junto con tus otras pérdidas. O puede que elijas continuar la relación a un nivel más superficial en lugar de abandonarla por completo.

Aunque es probable que reciba algunas respuestas insatisfactorias, también es probable que reciba algunas de apoyo y simpatía.

Es importante que tengas algunas relaciones en las que puedas ser tú mismo -con tu historia, tu dolor, tu pena y tu ira- y la única manera de crearlas es compartiendo honestamente sobre ti mismo. Cuando te encuentras con esa honestidad, entonces sientes una verdadera intimidad.

Recuerda que, aunque no obtengas una respuesta positiva cuando le cuentes a alguien por primera vez que has sufrido abusos sexuales, muy a menudo la gente te apoyará con el tiempo. No asumas que la primera reacción de alguien es una actitud permanente. Es habitual que la gente necesite algo de tiempo para asimilar una información difícil, por lo que puedes mantener la puerta abierta para seguir dialogando.

CUANDO CONTAR SE SIENTE COMO UN ERROR

A veces, cuando le cuentas a alguien que has sufrido abusos sexuales, la reacción de la otra persona te hace desear no haber compartido la información. El encuentro puede dejarte confundido, decepcionado, conmocionado, devastado o abandonado. Puede que te inunde la vergüenza, la frustración, la rabia o una combinación de emociones perturbadoras. Es posible que reproduzca la escena una y otra vez en su mente, preguntándose qué podría haber dicho o hecho de forma diferente.

Tras una experiencia difícil y decepcionante como ésta, es útil hacer balance y ver qué se puede aprender para el futuro. En lugar de culparse a sí mismo, es una oportunidad para ser más consciente. Pregúntate:

- ¿Qué me motivó a decírselo a esta persona?
- ¿He hecho todo lo posible para evaluar la relación de antemano?
- ¿Habría obtenido una mejor respuesta si lo hubiera contado al principio de la relación o después de haber conocido mejor a la persona?

- ¿Elegí un momento propicio para una conversación profunda?
- ¿Había banderas rojas que estaba ignorando?
- ¿Hubo un punto en el que debí haber interrumpido la conversación, pero, en cambio, continué, esperando que las cosas mejoraran?
- ¿Qué puedo aprender de esta experiencia?

Hay un viejo dicho que dice que la sabiduría viene de la experiencia y la experiencia viene de cometer errores. Así que sé amable contigo mismo. Así es como todos aprendemos.

En última instancia, sin embargo, aunque elijas con cuidado, basándote en tus mejores conocimientos e instintos, la respuesta de nadie es nunca completamente predecible. Hacer un balance de lo que podrías haber hecho de otra manera puede enseñarte valiosas lecciones, pero es igualmente importante no responsabilizarse de las reacciones de los demás. Si la persona a la que has confiado no te ha escuchado bien o no ha respondido de forma respetuosa, ese es el defecto de la otra persona, no el tuyo.

EJERCICIO DE ESCRITURA: EL PRIMER SILENCIO QUE ROMPES ES CONTIGO MISMO

A muchas mujeres les resulta muy difícil contar que han sufrido abusos sexuales. Cuando lo cuentan, suele ser en términos muy generales: "Mi hermano abusó de mí"; "Me violaron cuando tenía diez años". Rara vez comparten los detalles, en parte porque es difícil contar incluso los hechos generales y en parte porque quieren evitar a los oyentes. No quieren imponerse.

Pero la afirmación tajante "Mi padrastro abusó de mí" no es la forma en que vives el abuso o experimentas flashbacks.

Eso no es indicativo de las sensaciones espeluznantes que tienes cuando algo desencadena tu memoria. Lo que recuerdas son los detalles: la forma en que caía la luz en la escalera, el pijama que llevabas puesto, el olor a licor en su aliento, la sensación de la grava entre los omóplatos cuando te tiraron al suelo, la risita aterradora, el sonido de la televisión en el piso de abajo.

Escribe sobre tu experiencia de abuso sexual cuando eras niño.

Cuando escribas, incluye todos los detalles sensoriales que puedas: lo que realmente viste, oíste, oliste, saboreaste, sentiste.

Si el maltrato abarca demasiado tiempo y demasiados maltratadores como para escribirlo todo en media hora, escribe lo que puedas. No te preocupes por qué experiencia empezar. Empieza por lo que te parezca más accesible o por lo que sientas que más necesitas tratar. Este es un ejercicio que puedes hacer una y otra vez.

. . .

Si no recuerdas muchos detalles de lo que te ocurrió, escribe sobre lo que sí recuerdas. Recrea el contexto en el que se produjeron los abusos, aunque no recuerdes los detalles concretos de los mismos. Describe dónde vivías de niño. ¿Qué pasaba en tu familia, en tu barrio, en tu vida? Algunas mujeres creen que no recuerdan, cuando en realidad recuerdan mucho.

Pero como el cuadro no está en secuencia y no está totalmente rellenado, no se sienten autorizadas a llamar "recuerdo" a lo que saben. Empieza con lo que tienes. Cuando lo utilices por completo, puede que descubras que consigues más.

Si hay algo que sientes que no puedes escribir, entonces al menos escribe que hay algo que no puedes o no quieres escribir. Así dejas una marca para ti mismo; reconoces que hay un lugar difícil. Si te sales por la tangente, no te repliegues bruscamente. A veces lo que puede parecer irrelevante nos lleva a algo más esencial. Aunque quieras seguir con el tema, hazlo con las riendas sueltas.

No hay una forma correcta de hacer este ejercicio. Tu escritura puede ser lineal, contando tu historia en orden cronológico, puede ser un lavado de sentimientos y sensaciones. O puede ser como un trabajo de parches, uniendo trozos dispersos. Como en todos los ejercicios de escritura, intenta no juzgar ni censurar. No sientas que debes ajustarte a ninguna norma y no compares tu escritura con la de los demás. Esta es una oportunidad para descubrir y sanar, no para actuar o cumplir con las expectativas de nadie, ni siquiera las tuyas.

7

Comprender que no fue tu culpa

Los niños suelen creer que tienen la culpa de haber sido abusados sexualmente. Muchos supervivientes adultos siguen manteniendo esta creencia. Aunque un gran número de niños y adolescentes sufren abusos, nunca es culpa de ninguno de ellos. Sin embargo, hay muchas razones por las que los supervivientes asumen esa culpa.

A algunas supervivientes se les dijo explícitamente que era culpa suya. Su padre les dijo: "Eres una chica mala, desagradable y sucia. Por eso estoy haciendo esto". Tu hermano te dijo: "Realmente quieres que esto ocurra. Sé que lo quieres". Tu profesora te dijo: "Eres una niña tan sexy. No puedo evitarlo."

Es posible que te castiguen cuando alguien se entere. Si decías algo, puede que te dijeran que te habías inventado unas mentiras horribles. O nunca se habló del tema, dándote el mensaje de que era demasiado terrible para hablar de ello.

Tu religión puede haberte dicho que eras un pecador, impuro, condenado al infierno. Puede que te hayas convencido de que no eres digno de ser amado, ni siquiera por Dios. Una mujer dijo: "Esa niña incestuosa que llevo dentro sigue esperando que caiga el rayo porque he contado lo que me pasó. Si digo que fue mi padre, arderé en el fuego del infierno".

A una niña pequeña, el agresor llegó a rogarle que lo dejara.

Le repetía una y otra vez lo malo que era y que no debía dejarle hacerlo nunca más, y entonces la forzaba una vez más.

También hay razones menos obvias por las que los supervivientes se culpan a sí mismos. Para una niña es una constatación cruda y aterradora ver lo vulnerable e impotente que es en realidad.

Pensar que eras malo, que tenías alguna influencia en el trato que recibías, te daba una sensación de control, aunque ilusoria.

. . .

Y percibirte como malo permitía la posibilidad futura de que te volvieras bueno y, por tanto, las cosas pudieran mejorar.

En realidad, nada de lo que hiciste causó el abuso; nada de lo que estaba a tu alcance podría haberlo evitado. Tu mundo era un lugar inseguro en el que los adultos que abusaban de ti no eran de fiar y estaban fuera de control, y en el que tu bienestar, y a veces tu propia vida, estaban en peligro.

Esta perspectiva, aunque realista, es más angustiosa para muchos niños que pensar que eran malos y de alguna manera responsables del abuso. Los niños necesitan creer en la bondad de sus principales cuidadores. Incluso si sus padres eran negligentes, borrachos, violentos o abusaban sexualmente de ellos, como niño dependiente, necesitaba verlos de la mejor manera posible. Era más fácil culparte a ti mismo que afrontar la cruda realidad de que no eran las personas seguras y fiables que querías y necesitabas que fueran.

Reconocer que no tienes la culpa significa aceptar el hecho de que la persona que abusó de ti - alguien a quien podías querer y en quien confiabas- no tenía en cuenta tus intereses. En un taller, una mujer se culpó porque a los doce años dijo que no, y su padre dejó de hacerlo. "¿Por qué no pude hacerlo enseguida, a los cuatro años, cuando él empezó?", se reprendió. "Yo sí tenía el poder de detenerlo".

. . .

Las mujeres se culpan a sí mismas porque tomaron dinero, regalos o privilegios especiales. Pero si lograron recuperar alguna pequeña cosa, deberían atribuirse el mérito. A los diez años, una mujer recibió una bicicleta de su maltratador. En ese momento, se sintió confundida y culpable por aceptar ese regalo de él, pero había querido la bicicleta desde hacía mucho tiempo. Con ella pudo alejarse de su casa, ir al bosque y sentir la seguridad de los árboles. En cambio, hay que elogiarla por haber cogido lo que pudo en aquel páramo.

PERO QUERÍA ESTAR CERCA

Muchos supervivientes tienen sentimientos especialmente vergonzosos si necesitaron atención y afecto y no se opusieron a las insinuaciones sexuales debido a esas necesidades, o si buscaron ese afecto. Puede que la cercanía te haya sentado bien. Puede que hayas adorado a tu abusador.

Puede que te haya encantado sentirte la niña especial del abuelo. Las mujeres dicen: "Yo fui la que pidió un masaje en la espalda", o "Yo seguí regresando", o "Me metí en la cama con ella".

Pero no te equivocas. Todos los niños necesitan atención. Todos los niños necesitan afecto. Si no se les ofrece de manera sana y no sexual, los niños lo tomarán de cualquier manera, porque son necesidades esenciales.

PERO SE SINTIÓ BIEN

Aunque algunas mujeres sólo sintieron dolor o entumecimiento cuando fueron abusadas, otras experimentaron placer sensual o sexual, excitación y orgasmo. Aunque su experiencia de abuso puede haber sido confusa, aterradora o devastadora, también puede haber experimentado algún grado de sensaciones placenteras. Para muchos, este aspecto del abuso es uno de los más difíciles de afrontar.

Otra mujer fue violada en grupo cuando era adolescente y tuvo un orgasmo. "Durante mucho tiempo pensé que era una broma cruel que Dios hubiera hecho mi cuerpo así. Olvidé lo que había sucedido por la vergüenza de haberme gustado".

Cuando recordó por primera vez la violación, esta mujer pasó una noche hojeando frenéticamente Voces en la noche de principio a fin para ver si alguien más había tenido un orgasmo mientras era abusado. Necesitaba urgentemente saber que no era la única.

Es importante reconocer que es natural tener sentimientos sexuales, y que aunque hayas tenido respuestas sexuales al abuso y esas sensaciones se hayan sentido bien, no significa que hayas sido responsable de ninguna manera.

. . .

Nuestro cuerpo está creado para responder a la estimulación. Cuando nos tocan sexualmente, toda nuestra fisiología está diseñada para darnos placer. Son reacciones corporales naturales sobre las que no tenemos control. Cuando comemos un sándwich, nuestro estómago lo digiere. No podemos evitar que nuestros estómagos digieran el sándwich. Del mismo modo, cuando nos estimulan sexualmente, no siempre podemos evitar que nuestro cuerpo responda.

La niña o la mujer que sufre un abuso sexual y experimenta un orgasmo no quiere ser abusada. El hecho de que responda sexualmente no significa que el placer sexual sea malo. Y -muy importante- no es una traición a su cuerpo. Su cuerpo hizo lo que se supone que los cuerpos deben hacer. No fue traicionada por su cuerpo sino por los adultos que abusaron de ella.

PERO YO ERA MAYOR

Tanto si eras un niño pequeño como un adolescente en el momento del abuso, merecías ser tratado con respeto por tus padres y otros adultos en tu vida. Los abusos son abusos,

independientemente de la edad que tuvieras cuando se produjeron. Sin embargo, a muchos supervivientes que sufrieron abusos cuando eran mayores les cuesta aceptar que no fue culpa suya.

'Hay muchas razones por las que un adolescente o un adulto joven puede no ser capaz de detener el abuso sexual. Es posible que el abusador te haya aterrorizado durante toda tu vida con amenazas, golpes o rabietas violentas y que, como resultado, estés demasiado asustada para intentar resistirte. El agresor puede haberte dominado físicamente. O puede haberte engañado o manipulado con su dominio del lenguaje. O puede que hayas crecido en una cultura en la que las personas mayores son veneradas, honradas y nunca cuestionadas. Decir que no era algo que no podías hacer.

Si el maltratador era alguien a quien querías mucho, un padre que se esforzaba por cuidarte, te enseñaba a lanzar una pelota de béisbol y te leía cuentos para dormir, puede que te hayas quedado tan sorprendido, confundido y angustiado cuando llegó a tu cama que te quedaste helado o no dijiste nada. Y si el maltratador lloraba o te contaba sus problemas, es posible que tuvieras miedo de herir sus sentimientos o que creyeras que era tu deber cuidar de él.

Los adolescentes y los adultos jóvenes no tienen el mismo poder y la misma perspectiva que las personas mayores.

Tampoco tienen años de experiencia que puedan ayudarles a enfrentarse a una situación tan devastadora. Y aunque hubieran opuesto resistencia, no hay garantía de que su resistencia hubiera cambiado nada.

PASE LO QUE PASE, EL ADULTO SIEMPRE TIENE LA CULPA

Es injusto esperar que los niños sean capaces de protegerse a sí mismos. Los niños hacen muchas pruebas. Ponen a prueba los límites. Ponen a prueba las actitudes. Este es su trabajo. Desarrollan un sentido de lo que es el mundo a través de estas pruebas. Y siempre es responsabilidad de los adultos comportarse con respeto hacia los niños.

Aunque una chica de dieciséis años entre desnuda en el salón de su casa y se lance sobre su padre, éste no está justificado para tocarla sexualmente. Un padre responsable diría: "Parece que hay un problema aquí". Le diría que se pusiera ropa; lo discutiría con ella, buscaría ayuda profesional si fuera necesario. Independientemente de la edad o las circunstancias, nunca hay excusa para el abuso sexual. Es absolutamente la responsabilidad de los adultos no ser sexual con los niños.

SI EL ABUSO CONTINUÓ EN LA EDAD ADULTA

En algunos casos, el abuso comenzó cuando usted era joven y continuó hasta la edad adulta. Sin embargo, incluso en esta situación, usted no tiene la culpa. Cuando se abusa de los niños, su capacidad para decir que no y establecer límites se ve gravemente dañada. No hay una edad mágica en la que de repente te conviertas en un socio responsable y cooperativo en el abuso sexual.

Incluso si tu padre sigue teniendo relaciones sexuales contigo cuando tienes treinta años, no es tu culpa. Puede que seas un adulto en edad, pero todavía estás respondiendo desde la perspectiva de un niño pequeño e impotente.

Si tus límites siempre han sido violados, es injusto esperar que seas capaz de establecerlos de repente. No te vuelves asertivo y poderoso sólo porque crezcas y te vayas de casa. No importa la edad que tengas, ni la relación que tengas con el abusador, si alguien con más poder te presiona para que tengas una relación sexual, estás siendo abusada.

Si todavía estás en una situación de abuso, es esencial que recibas el apoyo que necesitas para protegerte, establecer límites y decir no a más violaciones. Tienes derecho a tener relaciones que te honren como ser humano, en las que te sientas visto, respetado y reconocido. Poner fin a las relaciones que abusan de ti de cualquier manera es una parte importante de tu curación.

Un signo clave de la curación es que tu vergüenza disminuye. En lugar de mirar el reloj de alguien mientras le cuentas lo sucedido, puedes mirar su cara. Y entonces, con el tiempo, puedes mirarles a los ojos y contárselo, sin sentir que pueden ver lo rastrero que eres. Puedes mirar a alguien, decírselo y decir: "Y estoy bien", sin tener que preguntar: "¿Verdad? Estoy bien, ¿no?".

. . .

Hay muchas maneras de superar la vergüenza. La más poderosa es simplemente hablar del abuso.

La vergüenza existe en un entorno de secretismo. Cuando empieces a decir libremente la verdad sobre tu vida, tu sensación de vergüenza disminuirá.

Ya sabes que dicen: "Di la verdad y la verdad te hará libre". Pues así es en realidad. Ya no estoy en una jaula. No tengo barrotes. Lo mejor es que ya no hay secretos. Y son los secretos los que te matan. No es el veneno y el odio lo que te mata; es guardar secretos. Porque vives con el temor de que alguien lo descubra. Los secretos destruyen a las personas, y las destruyen innecesariamente. Es como renacer cuando te desprendes del secreto, porque ya no tienes miedo.

UNIRSE A UN GRUPO DE SUPERVIVIENTES

Estar en un grupo con otras supervivientes es una forma poderosa de vencer la vergüenza. Cuando oyes a otras mujeres hablar de sus abusos y puedes ver su fuerza y su belleza, y cuando ves que esas mismas mujeres escuchan tu historia con respeto, empiezas a verte como una superviviente orgullosa y no como una víctima conspiradora. Como dijo una mujer: "Cuando tu consejera te dice: 'No fue tu culpa', eso es una cosa. Pero cuando te lo dicen ocho personas, es mucho más poderoso".

HABLAR EN PÚBLICO

Hablar públicamente -haciendo divulgación a otros supervivientes, trabajando en programas de asalto a niños o de prevención de violaciones- es una forma potente de transformar la vergüenza en un sentimiento de eficacia y poder personal.

Pasar tiempo con los niños puede proporcionarle pruebas convincentes de que el abuso no fue culpa suya. Los niños te ayudan a recordar lo pequeña e impotente que eras en realidad. Una madre dijo:

Ver crecer a mi hija me dio una sensación de "¿Cómo puede alguien hacerle eso a un niño?" que no podía conseguir sólo en relación conmigo misma. [Había podido racionalizar el maltrato a los niños durante mucho tiempo. Pero cuando vi el poco poder que tenia, lo pequeña que era cuando la acosté, me hice una idea real de lo pequeña y vulnerable que había sido J.

Me llegó al corazón que el abuso no estaba bien. Y que yo no había sido responsable de lo que me había pasado. Empecé a perdonarme a mí misma.

Incluso si no tienes hijos propios, puedes encontrar oportunidades para observar a los niños. La próxima vez que estés cerca del patio de un colegio, de un centro comercial o de un lugar en el que se reúnan niños, busca niños de la edad que tenías tú cuando empezó el maltrato. Observa la forma en que interactúan. Escucha el tono de sus voces. Fíjate en su tamaño real. ¿Crees sinceramente que uno de esos niños merece ser maltratado?

8

¿Perdonar?

"Ni en un millón de años perdonaría a mi padre. Él tuvo una elección. Tomó una decisión. Yo he tenido elecciones en mi vida que fueron igual de difíciles. A veces he fracasado. Pero en la mayoría de los casos me esfuerzo por no hacerlo. Y no creo que lo haya intentado ni un poco. Creo que cedió cada vez a sus impulsos". Cuando hablamos de las etapas del proceso de curación, inevitablemente surge la pregunta: ¿Qué pasa con el perdón?

Muchos supervivientes intentan desesperadamente perdonar al agresor. Se desesperan pensando que no pueden curarse sin él. Pero no es necesario perdonar al abusador para sanar del abuso sexual infantil. La única persona a la que tienes que perdonar es a ti mismo. Perdonar a tu abusador o a los miembros de tu familia que no te protegieron no es una parte necesaria del proceso de curación. No es el camino hacia la curación ni la recompensa final.

. . .

Aunque es necesario llegar a alguna resolución -hacer las paces con el pasado y seguir adelante-, que esta resolución incluya el perdón es una cuestión personal. Para muchos supervivientes, el perdón está fuera de lugar:

¿Perdón? Tengo mis dudas. Aceptación, tal vez, pero no perdón. Aceptación de quién era y de lo que me pasó. Porque no hay manera de cambiar eso. Pero no puedo perdonarlo. Me robó veinte años de mi vida.

Otros supervivientes experimentan el perdón como algo que surge de forma natural tras un largo y comprometido proceso de curación.

NO ES LO MISMO QUE PERDONAR A UN AMIGO

No es lo mismo perdonar un crimen atroz como el abuso sexual de menores que perdonar a un amigo. Cuando una amiga hiere inadvertidamente nuestros sentimientos y se disculpa, la perdonamos. Ya no la culpamos. La relación se repara. Nos reconciliamos y continuamos con confianza y respeto, sin ira residual entre nosotros. Este tipo de perdón -renunciar a la ira y perdonar al abusador, restaurar una relación de confianza- no es un requisito para sanar el abuso sexual:

Algunas cosas son imperdonables. Mi padre me violó cuando tenía cinco años. Y eso es algo que nunca podré perdonar. Sin embargo, he llegado a comprender la vida de mi padre: lo que le ocurrió cuando era niño, y más tarde como soldado en la guerra. Como adulto, por fin puedo reconocer las circunstancias en las que se perdió. Ahora es un hombre mayor y se está muriendo.

Soy una mujer adulta y, en gran medida, he superado los efectos de lo que me hizo. Ya no me siento su víctima. Acepto quién es ahora, y tenemos una relación. Pero nunca le perdonaré lo que me quitó.

PERO TUVIERON UNA MALA INFANCIA

Si bien es cierto que muchos abusadores fueron abusados cuando eran niños y que el abuso sexual se repite a menudo en las familias, generación tras generación, estos hechos por sí solos no son suficientes para excusar las cosas horribles que los adultos hacen a los niños. Aunque muchas mujeres y hombres han sido víctimas de abusos, la gran mayoría de ellos no se han convertido en abusadores. Independientemente del dolor de la infancia, no hay justificación para abusar de los niños, como afirma esta superviviente de forma tan clara y sencilla: Bastardo. Me quitó el alma, y me importa una mierda que le haya pasado a él. Me pasó a mí, ¡y no se lo hice a mis hijos! Esa excusa es una mierda.

"OH, CARIÑO, SÓLO PERDONA Y OLVIDA"

Nunca es útil decirle a una sobreviviente de abuso sexual infantil que necesita perdonar a la persona que abusó de ella. Este consejo minimiza y niega la validez de sus sentimientos. Sin embargo, el tema del perdón es uno de los que se presiona a los sobrevivientes una y otra vez. La gente puede instarle a perdonar por una serie de razones. Pueden creer que te sentirás mejor si perdonas.

Pueden suponer que el perdón acelerará su proceso de curación y le liberará para vivir el presente.

Puede que se sientan incómodos con los sentimientos intensos de ira y dolor o que no quieran enfrentarse a la dura realidad del abuso sexual infantil. Su religión puede enseñar que el perdón es esencial. Sin embargo, incluso si las personas que te rodean creen que tienen tus mejores intereses en el corazón, no debes dejar que nadie te convenza de cambiar tus sentimientos honestos por el "bien superior" del perdón.

De hecho, tratar de forzar el perdón puede ser peligroso. Hemos visto muchos casos en los que se ha instado a los supervivientes a perdonar antes de que hayan tenido la oportunidad de llorar o expresar su ira. Al tratar de obedecer, han volcado su ira hacia dentro, cayendo en una grave depresión o incluso en el suicidio.

Cuando empiezas a sanar, es importante que te centres en lo que te pasó y en lo que ha significado en tu vida. Tratar de perdonar puede obstaculizar este importante y necesario trabajo.

. . .

Si tienes fuertes creencias religiosas, puedes sentir que es tu deber perdonar. Pero no eres más moral o espiritualmente evolucionado si perdonas. Si existe el perdón divino, es tarea de Dios, no tuya. Si la compasión y el perdón surgen naturalmente, pueden ser una parte poderosa de tu curación, pero no si son forzados -o apresurados- porque crees que debes sentirlos:

La curación depende mucho de poder perdonarse a sí mismo, no de poder perdonar a su agresor. No creo que el tiempo que se emplee en tratar de perdonar a tu agresor merezca la pena.

No intentas perdonar a Hitler. No te sientas a trabajar en eso. Hay muchas otras cosas que hacer con una vida.

Lo importante es perdonarte a ti mismo, y cuando empiezas a sentirlo, naturalmente se extiende a otras personas en el mundo. De eso se trata realmente el perdón.

PUEDES SENTIR COMPASIÓN O PERDÓN

A medida que avanzas en el proceso de curación, puedes sentir compasión por quienes te han hecho daño o no te han protegido. Algunas mujeres sienten tanto compasión como perdón; otras experimentan compasión, pero no perdonan a sus agresores. Y la mayoría de las que dicen haber perdonado no creen que esto perdone al abusador. Parte de la curación consiste en ser fiel a tus propios sentimientos y experiencias.

. . .

A veces el perdón hacia el abusador surge de la compasión que ahora tienes hacia ti mismo, otras veces viene porque has comenzado a ver a alguien de una manera diferente.

El perdón surge a veces de forma espontánea cuando menos lo esperas. Una mujer, que fue maltratada por los cuatro miembros de su familia, juró que nunca los perdonaría. Los había descartado y había seguido con su propia vida. Meses después, tuvo el impulso de ir al templo para Yom Kippur. Yom Kippur es el Día de la Expiación judía, en el que los judíos se desprenden de los males que han hecho a otros y de los males que otros les han hecho a ellos.

Sin pretenderlo, ni esperarlo, esta mujer empezó a sollozar de repente y, para su sorpresa, se encontró no sólo con que se perdonaba profundamente a sí misma, sino también a su familia. Recuerda: "A partir de ese día, mi vida fue mía. Por primera vez en mi vida, tuve la experiencia de estar separada de ellos".

Si finalmente llegas a un lugar de perdón, no tienes que tomar ninguna acción particular como resultado. El perdón es una experiencia privada, no un acto público. Si decides decirle a alguien que le has perdonado, depende de ti. Los sentimientos de perdón se pueden comunicar, pero también se pueden guardar en silencio en el interior.

EL ÚNICO PERDÓN ESENCIAL ES PARA TI MISMA

Hay innumerables formas de encontrar una solución al abuso sexual infantil, y cada superviviente debe trazar su propio camino. Aunque para algunos supervivientes ese camino incluye el perdón, para otros no. Tienes derecho a tener tus propios sentimientos y convicciones. Nadie más ha vivido tus abusos. Nadie más está en posición de decirte cómo debes sentirte o pensar al respecto.

En última instancia, la única persona a la que debes perdonar es a ti mismo. Si todavía te culpas o te avergüenzas de las cosas que has hecho para sobrellevar la situación, es hora de perdonarte, de dejar de culpar a la niña que fue vulnerable, a la niña que sintió placer, a la niña que sobrevivió como pudo. Como dijo una mujer: "He tenido que perdonar a mis genitales por responder. He tenido que perdonarme a mí misma por no haber sido capaz de despreciar a mi padre y evitar el abuso".

Es hora de perdonarte por cualquier cosa de la que aún te sientas culpable, cualquier cosa de la que aún te consideres responsable. No fue tu culpa que no pudieras protegerte. No fue tu culpa que necesitarás atención y afecto. No fue tu culpa que fueras bonita, precoz, inteligente o cualquier otra cualidad que el abusador pudiera haber usado como excusa.

. . .

También debes perdonarte por las limitaciones con las que has vivido como adulto o por repetir tu victimización. Debes perdonarte por necesitar el tiempo para sanar ahora. Y debes darte toda la amabilidad y compasión que puedas, para que puedas dirigir tu atención y energía hacia tu propia curación. Este perdón es lo esencial.

9

Autoestima y confianza en uno mismo

La autoestima es un tema central para muchos supervivientes. Cuando los niños son maltratados, sufren daños en su núcleo. Y una de las áreas más afectadas es el desarrollo de su sentido de autoestima y valor propio. Esta falta de autoestima suele continuar en la edad adulta. Puedes experimentarla como un sentimiento constante de inutilidad, una voz persistente que te dice que no has hecho lo suficiente, que no lo has hecho bien o que, si lo has hecho, ha sido una casualidad, que la próxima vez la cagarás. En el nivel más básico, puedes creer que no mereces nada bueno en tu vida.

Tus sentimientos hacia ti mismo pueden fluctuar mucho. Puede que te sientas bien contigo mismo la mayor parte del tiempo, con sentimientos autocríticos que permanecen latentes hasta que tienes algún tipo de contratiempo: una pérdida, un período de cambio, una discusión con alguien a quien quieres.

. . .

Entonces pierdes de repente el contacto con las cosas buenas de ti mismo y caes en un pozo de autodesprecio y desesperación. El amor propio que has cultivado con tanto cuidado se evapora como la niebla.

Los sentimientos de odio a uno mismo pueden surgir aparentemente de la nada. Una pequeña interacción puede desencadenar una avalancha de dudas e incertidumbre. Te equivocas en un problema en un examen y te dices a ti mismo: "Soy un estúpido".

Tomas una decisión bien meditada de dejar un trabajo en el que te pagan mal y te tratan mal, y en lugar de sentirte orgulloso, estás seguro de que nadie te volverá a contratar. Aunque te estás cuidando, de alguna manera acabas sintiéndote mal y defectuoso -de nuevo-.

La autoestima se experimenta en el momento, y tus sentimientos sobre ti mismo fluctuarán a medida que avances en el proceso de curación. Cuando te enfrentas por primera vez al dolor y la ira o luchas contra el impacto del abuso en tu vida, puedes sentirte peor de lo que te sentías antes. A menudo, la vergüenza, la impotencia y el odio a uno mismo están reprimidos con los recuerdos de los abusos, y a medida que los recuerdos salen a la luz, estos sentimientos también lo hacen.

. . .

Sin embargo, la curación no consiste sólo en el dolor. Se trata de aprender a quererse a sí mismo.

A medida que pases de sentirte como una víctima a ser un orgulloso superviviente, tendrás destellos de esperanza, autoestima y satisfacción. Esos son subproductos naturales de la curación.

MENSAJES INTERIORIZADOS

Cuando fuiste maltratado, es probable que te dieran el mensaje, directa o indirectamente, de que el maltrato era culpa tuya. Puede que te dijeran que eras malo o estúpido. Puede que te hayan humillado o llamado mentiroso.

A muchos supervivientes se les dijo que nunca llegarían a nada. Es posible que todavía reciban este mensaje. Una superviviente cuyo poema se publicó en un periódico local envió una copia del mismo a su madre. Su madre le contestó: "Ha sido la suerte del principiante. Nunca escribirás otro".

Otra mujer, elegida reina del baile en el instituto, tenía una imagen tan distorsionada de sí misma que estaba convencida de que sus amigos la habían elegido sólo porque la compadecían.

. . .

Aunque no te hayan transmitido directamente esos mensajes, el mero hecho de que te hayan maltratado te ha enseñado que eres impotente, que estás solo, que no mereces protección ni amor. Si te ignoraban o descuidaban, te negaban tu valor básico. Aprendiste que no te merecías nada, que no podías tener un impacto en el mundo.

Cuando se niega tu valor con la suficiente frecuencia, empiezas a creer que hay algo malo en ti. Como resultado de estos mensajes de la infancia, puedes creer que no eres digno de ser amado, que nada de lo que haces importa, o incluso que no mereces vivir. Como dice Ellen: "Los supervivientes fueron programados para autodestruirse. Han aprendido a menospreciarse a sí mismos con tanta eficacia que los maltratadores ya no tienen que estar cerca para hacerlo.

Pueden irse a jugar al golf mientras tú te autodestruyes".

Esta autodestrucción a menudo está en guerra con el autoconcepto positivo y sustentador que estás tratando de construir.

CAMBIAR LOS MENSAJES INTERIORIZADOS

Al principio de tu curación, es posible que recibas mensajes negativos constantemente. Pero a medida que pase el tiempo y tu imagen básica de ti mismo empiece a cambiar, estos mensajes serán menos frecuentes. Destacarán más claramente sobre un fondo en el que básicamente te gustas a ti mismo.

Aunque pienses que esos pensamientos no tienen causa, suelen estar provocados por algo. Cada vez que te sientas mal contigo mismo, intenta aislar el pensamiento o el acontecimiento que desencadenó ese sentimiento. Al principio no será fácil, pero con la práctica serás capaz de identificar el origen. Pregúntate a ti mismo:

- ¿Cuándo empecé a sentirme así?
- ¿He tenido una conversación inquietante con alguien? ¿Recibí una llamada telefónica, un correo electrónico o una carta perturbadora?
- ¿Algo me ha asustado o enfadado?
- ¿Hay alguna razón por la que me sienta especialmente vulnerable en este momento?

Una vez que encuentres el acontecimiento o el pensamiento que inició esta sensación, pregúntate: "¿Te resulta familiar esta sensación?". Busca en el pasado para encontrar la primera vez que te sentiste así, la primera vez que te dijeron esa mentira en particular. ¿Cuál era el contexto? ¿Quién te dijo que eras egoísta? ¿Quién insinuó que eras un estorbo?

Permítase sentir el dolor y la vergüenza de la niña que una vez fue. Permita que surja su compasión por ella, su rabia hacia los que le hicieron daño y cualquier otro sentimiento. Reconocer y expresar estos sentimientos ayuda a liberar las garras de los mensajes negativos interiorizados. Te sientes así no porque sea verdad, sino porque te condicionaron para sentirte así.

ESTABLECER LÍMITES Y FRONTERAS

La capacidad de establecer límites es esencial para sentirse bien con uno mismo. Muchas supervivientes no han sabido definir su propio tiempo, proteger su cuerpo, ponerse en primer lugar, decir no.

Siempre he cedido mi tiempo a quien me lo pedía porque no creía que fuera mío.

Cuando era pequeña, si alguien quería algo de mí, lo cogía. Tengo pocos límites. Eso hace que sea ridículamente fácil llevarse bien conmigo. Hago cualquier cosa que me pidan. Si haces eso, le caes bien a todo el mundo. Y para mí es muy importante caer bien.

Aunque aprender a decir no es difícil, es un alivio dejar de hacer lo que no quieres. Al establecer límites, te proteges y te das libertad al mismo tiempo. Al decir no a otras personas, empiezas a decirte a ti mismo que sí.

CONFIAR EN TI MISMO

Cuando los niños sufren abusos, les resulta amenazante confiar en sus propias percepciones. Era insoportable reconocer que el vecino que te empujaba en los columpios y te daba regalos de cumpleaños también te hacía tocar su pene. Era demasiado aterrador admitir que tu madre, que iba a trabajar para mantenerte y se quedaba hasta tarde para hacerte una casa de muñecas, tenía una sonrisa aterradora en la cara cuando te tocaba los genitales. Así que fingías que no hacían esas cosas o que esas cosas estaban realmente bien. Los extremos a los que llegan los niños para distorsionar sus percepciones son sorprendentes.

Si los adultos significativos de tu vida te dijeron que tus experiencias no sucedieron realmente, o que sucedieron de forma radicalmente diferente a como las percibías, probablemente te sentiste confundido y angustiado, sin saber qué era real.

Un padre puede acariciar el pecho de su hija y explicarlo diciendo: "Sólo te estoy arropando". Una hija puede decirle a su madre que su padrastro la ha tocado de forma extraña. La madre puede responder: "Oh, cariño, eso fue sólo un sueño".

Los miembros de la familia no son los únicos que perpetúan esta invalidación. Muchas jóvenes intentan contárselo a profesores, consejeros, ministros u otros adultos, sólo para que les digan: "Debes estar equivocada. Tu tío Jimmy es diácono en la iglesia". Las supervivientes han acudido a los terapeutas en busca de ayuda y les han dicho: "Ya deberías haber superado eso", o "Sólo era tu hermana; todos los niños juegan a los médicos".

También puede ser aterrador confiar en tu voz interior si tienes miedo de lo que te dirá. Una superviviente explicó: "Mi mayor temor es que si escucho a mi interior, me volveré loca como mi madre. Ella me ha dicho a menudo: 'Tienes el mismo tipo de poderes que yo'. Así que el mensaje es que, si escucho a mi interior, me volveré realmente fuera de control. Si escucho mi voz interior, me adentraré en mi propio mundo interior, que es realmente una locura".

Aunque hay muchas razones por las que es difícil tener fe en tus propias percepciones, es posible desarrollar la capacidad de confiar en tu voz interior.

LA VOZ INTERIOR

Dentro de todos nosotros hay una voz interior sabia y auténtica que puede decirnos cómo nos sentimos. Si se ha tapado o si no se tiene mucha práctica en escuchar esa voz, puede ser muy pequeña, apenas un pitido. Sin embargo, está ahí.

Y cuanto más la escuches y actúes sobre ella, más fuerte y clara será esa voz.

. . .

En los programas de prevención de agresiones infantiles, se enseña a los niños a identificar la voz interior que les advierte de que algo no va bien. Se refieren a esta intuición como la sensación de uh-oh. Si se les anima, los niños reconocen fácilmente esta sensación como un peligro -uh-oh, algo va mal aquí.

Cada persona experimenta su voz interior de forma diferente.

Puede tener malos sueños.

Puede tener dolores de cabeza. Puede estar agotado. Puede tener un repentino deseo de darse un atracón de galletas. O puede notar que ha limpiado la casa dos veces en dos días. Lo importante no es lo que experimentas, sino que lo reconozcas como un mensaje.

FORMAS DE DECIR QUE NO (O DE GANAR TIEMPO HASTA QUE SE PUEDA)

A muchos nos cuesta decir que no. Esta lista, ofrecida con compasión y un poco de humor, te ayudará a sentirte cómodo rechazando a la gente, negándote a responder a preguntas entrometidas u ofensivas, pidiendo a la gente que deje de hacer algo que no te gusta y diciendo a los demás que no estás de acuerdo con ellos.

. . .

A medida que desarrolles tus músculos del "no", comprueba si puedes pasar de decir "no puedo" a decir directamente "no lo haré".

Prueba también a cambiar el "no quiero que lo hagas" por el "¡no lo hagas!". Te sentirás mucho más capacitado y tendrás más tiempo para ser amable contigo mismo y con los demás cuando lo hagas.

Cuando alguien te pide que hagas algo por él o con él:

La parte entusiasta (educada/ayudante/etc.) de mí querría decir que sí, pero el resto de mí está demasiado comprometido (más realista/no dispuesto/etc.).

- No lo sé. Tendré que pensarlo.
- Me gustaría poder ayudarte, pero ahora mismo estoy sobrecargado/sobrecomprometido.
- Voy a pasar. Realmente estoy tratando de reducir mi ritmo estos días.
- Es algo en lo que tendré que pensar.
- No tengo mi agenda conmigo, pero puedo llamar y avisarte mañana.
- Lo siento, ya estoy reservado.
- No, no puedo hacerlo después de todo. Pero ha sido muy amable al pedirlo.
- Lo pensaré.
- Gracias, pero estoy demasiado cansado.
- No, eso no es lo mío.

- Tengo una cita ese día/noche. (¡Y no tienes que decir de qué se trata!)
- Eso no es para mí, gracias.
- Oh, eso suena interesante. Deja que lo piense y te lo comunico.
- No estoy seguro de si estoy libre ese día/noche. Déjame comprobarlo y te llamo mañana.
- Lo siento, pero mi agenda está demasiado llena ahora mismo.
- La parte de mí que quiere hacerte feliz quiere decir que sí, pero el resto de mí ganó la votación. Pasaré.
- Gracias, pero no creo que lo haga.

- Eso no es algo que me guste.
- Eso no funciona para mí.
- Eso no me cuadra.

Cuando quieras divertirte diciendo que no, prueba con uno de estos:

- ¡No en esta vida! ¡Olvídalo! ¡Sigue soñando!
- ¡Debes estar bromeando! ¡Ni en un millón de años!
- ¿Estás fuera de tu pequeña mente? Cuando alguien hace, pide o dice algo invasivo:
- No me siento cómodo con eso.
- Me gustaría pedirte que no
- Me gustaría que dejaras
- Por favor, deja de hacer eso. No me gusta.

- Ahora mismo me siento incómodo con lo que dices/haces.
- No es algo de lo que hable excepto con la familia.
- Hablemos de otra cosa.
- Quiero guardarme eso para mí.
- Eso es cosa mía.
- Me sorprende que pienses que tienes derecho a esa información.
- No tengo ganas de hablar de ello.
- ¿Y por qué me preguntas esto? (Intenta decir esto con una mirada de total incredulidad).
- Lo siento, no es algo de lo que hable.
- Nunca respondo a preguntas como esa.

Cuando alguien dice algo con lo que no estás de acuerdo:

- Lo veo de forma diferente a como lo ves tú.
- Ciertamente no estamos de acuerdo en eso.
- Tengo un punto de vista diferente.
- Mi experiencia es algo diferente.
- Entiendo lo que dices, pero no estoy de acuerdo.

10

Recuperación de la sexualidad

La perspectiva sobre la sexualidad que se presenta aquí se aplica tanto a las mujeres heterosexuales como a las lesbianas. Aunque existen algunas diferencias en las dificultades a las que se enfrentan estos grupos, las similitudes las superan con creces.

En este capítulo utilizamos la palabra "amante" para describir a cualquier pareja sexual. Esto incluye a alguien con quien sales casualmente, alguien con quien estás profundamente comprometido o casado, y cualquier relación intermedia. La curación tiene lugar en muchos niveles, y tanto si eres célibe, como si sales con alguien o tienes una pareja comprometida, puedes sanar sexualmente.

Las supervivientes no son las únicas que necesitan curarse sexualmente. Casi desde su nacimiento, las niñas reciben mensajes contradictorios sobre su sexualidad. Se les dice alternativamente que la oculten, que la nieguen, que la repriman, que la usen, que la ostenten o que la regalen.

El sexo se promueve como un medio de poder, seducción e intercambio. Como resultado, muchas mujeres crecen con conflictos en torno al sexo. En el caso de las mujeres que han sufrido abusos, estos problemas se agravan.

Muchas supervivientes se sienten especialmente vulnerables, dañadas, confundidas o atascadas cuando se trata de sexo. Para algunas mujeres, estos problemas están directamente relacionados con el abuso. Si tu entrenador de softball te pellizcó los pechos en el vestuario, puede que no quieras que tu amante te toque los pechos hoy. Si tu madre abusó de ti por la mañana antes de ir al colegio, puede que te repugne la idea del sexo nada más levantarte.

Es posible que tus problemas no estén relacionados con actos específicos de abuso. Puede que evites el sexo porque eres incapaz de estar presente cuando haces el amor o porque sientes un terror generalizado cuando estás en una situación sexual.

Como niño abusado, tus sentimientos sexuales estaban conectados directamente con el miedo. Cada vez que te excitabas, también sentías miedo. Ahora puede que no seas capaz de excitarte sin miedo. O puede que tengas miedo de los sentimientos dolorosos que surgen cuando eres sexual.

* * *

Para mí hay una especie de conexión entre la pasión y la ira.

En cuanto empiezo a sentirme apasionado, la ira se involucra, y me da miedo ser agresivo de forma hiriente. Así que, cuando empiezo a sentirme apasionada, me cierro en banda, porque tengo miedo de herir a mi pareja.

Si fuiste abusada por un hombre y tu amante es varón, puede que te alarmes sólo por este hecho. Puede que evites el sexo porque no quieres a nadie tan cerca de ti, porque crees que te asfixiarás con esa intimidad. Puede que tengas miedo de perder el control, de sentirte abrumada o de perder el contacto contigo misma o con tus propios límites.

Por otro lado, puede haber respondido al abuso yendo en la dirección opuesta: queriendo sexo todo el tiempo. Es lógico que los supervivientes, que recibieron toda la atención y el afecto sexualmente cuando eran niños, ahora sexualicen incluso las necesidades no sexuales. A veces, este impulso compulsivo por el sexo lleva a los supervivientes a situaciones que son dañinas, peligrosas o que no les convienen.

LA RELACIÓN ENTRE EL SEXO Y EL AMOR

* * *

Aunque muchos supervivientes manifiestan dificultades en el plano sexual, la cuestión más básica suele ser la confianza.

Como dijo un superviviente: "Es difícil hablar de sexo sin hablar de intimidad. Ese es uno de los problemas".

Si su abusador era alguien a quien usted amaba y en quien confiaba, entonces el sexo, el amor, la confianza y la traición se vincularon de manera profunda. Muchas mujeres maltratadas pueden mantener relaciones sexuales con cierta satisfacción hasta que se enamoran profundamente.

Entonces, el fondo cae y su miedo se vuelve abrumador. El sexo está bien cuando mantienen sus sentimientos fuera de él. Pero el sexo con sentimientos profundos les devuelve todo el dolor antiguo. Es demasiado parecido al abuso original.

Algunas mujeres no recuerdan los abusos hasta que están en una relación de amor y confianza. Necesitan esa seguridad para poder experimentar los recuerdos. Entender estos patrones es esencial. Así podrás dejar de romper en cuanto las relaciones cobren sentido. Puedes ver tus dificultades como señales de que estás en una relación importante en la que tienes una oportunidad especial para restaurar tu confianza y seguridad interior.

. . .

TE MERECES SENTIRTE BIEN

La intimidad sexual y el placer erótico pueden ser experiencias profundamente gozosas y gratificantes, pero a menudo suscitan sentimientos contradictorios en los supervivientes.

Aunque muchos supervivientes sólo experimentaron dolor o entumecimiento cuando fueron abusados, otros sintieron excitación sexual u orgasmo.

Debido a que estas buenas sensaciones estaban entrelazadas con el miedo, la confusión, la vergüenza y la traición, crecieron sintiendo que el placer sexual era malo. Como dijo una mujer: "Hasta hace poco no se me ocurrió juntar las palabras 'sexo' y 'placer'".

Algunos supervivientes no sienten ninguna sensación placentera cuando hacen el amor. Otros tienen orgasmos, pero sienten una tremenda culpa por disfrutar del sexo. Y algunos sienten conflicto o angustia: "El placer no se siente como tal para mí. Quiero vomitar cada vez que tengo un orgasmo. | siento asco, y sólo puedo pensar en mi tío".

LA CURACIÓN SEXUAL ES POSIBLE

Tus problemas sexuales, al igual que el propio abuso, te fueron impuestos. Afortunadamente, es posible experimentar tu sexualidad de una manera drásticamente diferente.

Aunque en última instancia es gratificante, recuperar tu sexualidad es un trabajo lento y minucioso. A medida que te permites recordar y abrirte a los sentimientos enterrados, puedes descubrir que hacer el amor es aún más difícil que antes. Es posible que te cuestiones tu sabiduría al tratar de sanar, preguntándote si no habría sido mejor seguir con tus viejas formas de arreglártelas. Pero te mereces más.

EXPLORAR EL SEXO CON UNA PAREJA

El tiempo que explores tu sexualidad a solas depende de ti.

Nadie puede decirte cuánto tiempo necesitas.

Deja que tu cuerpo y tus sentimientos te digan cuándo estás preparado. Si tienes un amante y te has tomado un descanso del sexo, es esencial que no empieces de nuevo sólo porque te sientas presionado. Hacer el amor por las razones equivocadas será contraproducente tanto para ti como para tu relación.

¿CUÁL ES SU MOTIVACIÓN?

Sé sincero contigo mismo sobre tu motivación para

querer trabajar en la sexualidad en este momento. Puedes hacer una lista de las cosas que quieres cambiar de tu sexualidad. Luego haz una lista de las razones por las que estás dispuesto a hacerlo. En una columna anota por qué quieres cambiar por ti mismo, y en otra, por qué quieres cambiar por tu amante.

Aunque a menudo es difícil para los supervivientes separar sus necesidades y deseos de los de los demás, es esencial que tengas tus propias razones para empezar a hacer el amor. Dichas razones pueden ser "siento que me estoy perdiendo una parte importante de la vida", "quiero sentir placer", "no quiero que mi pasado me domine" o "quiero experimentar una relación sexual íntima".

Los cambios duraderos sólo se producen cuando tenemos un profundo deseo de cambiar en nuestro interior. Al principio puede motivarte la conciencia aguda de la impaciencia de tu amante o tu miedo a perder la relación, pero finalmente debes llegar a ver la curación sexual como algo que estás haciendo por ti mismo.

Si te obligas a ser sexual antes de estar realmente preparado, es probable que experimentes lucha y decepción, pero poco crecimiento.

Si queda claro que no estás preparado para abordar tu sexualidad, y que lo haces únicamente por las presiones externas, entonces no es el momento adecuado para que te centres en la curación sexual. Cuando eras niño, practicabas el sexo porque otra persona quería que lo hicieras. Es esencial que rompas este patrón. El sexo es para ti primero, y no tiene sentido forzarte a pasar por un proceso de cambio profundo y doloroso si no lo quieres para ti. No pasa nada si todavía no estás preparado. Céntrate en otros aspectos de tu curación. Hay más cosas en la vida que el sexo.

Conclusión

El abuso sexual es un crimen que deja heridas profundas en el cuerpo, los sentimientos y la vida de sus víctimas. Aunque el contenido de este libro puede servir como una primera aproximación hacia un proceso de sanación, la ayuda psicológica profesional debe acompañar los procesos de las personas supervivientes. Recuerda que es posible sanar. Será más fácil si te rodeas de las personas correctas que puedan escucharte, intentar comprenderte y amarte. No te rindas. Sé valiente y confía en ti para que puedas servir de ejemplo a otras personas que lo necesiten.

www.ingramcontent.com/pod-product-compliance
Lightning Source LLC
Chambersburg PA
CBHW072021070526
44583CB00015B/1578